흑염소 없는 거, 보러 가요

흑염소 없는 거, 보러가요

초판인쇄일 | 2024년 1월 25일
초판발행일 | 2024년 1월 30일
지은이 | 이광구·김은희
펴낸곳 | 간디서원
펴낸이 | 최정수
주　소 | (03440) 서울시 은평구 가좌로 335, 2층
전　화 | 02)3477-7008
팩　스 | 02)3477-7066
등　록 | 제2022-000014호
E_mail | gandhib@naver.com
ISBN | 978-89-97533-54-1 (03810)

ⓒ 이광구, 김은희, 2024

* 잘못된 책은 바꾸어 드립니다.

이 책의 이름과 사진은 당사자와 협의하여 이름은 실명으로 쓴 것과 가명으로 쓴 것이 있고, 사진은 협의된 것만 실었습니다.

흑염소 없는 거, 보러 가요

이광구·김은회 지음

간디서원

익숙해지기와 부담 나누기

"장애인이 영화는 무슨 영화야, 이렇게 생각하는 거 아닐까요."

영화모임에 오기로 했던 신입을 소개해준 샘이 한 말이다. 장애인 친구는 오고 싶어 했는데, 엄마가 보내지 않았다. 이 얘기를 듣고 샘은 그 엄마의 마음을 이렇게 짐작한 것이다.

나는 고개를 끄덕였다. 그럴 수 있겠다는 생각이 들었다. 부모는 장애인 자녀가 날마다 몇 시간 근무하는 일이 있는 것만으로도 삶의 중요한 부분을 해결하고 있다고 생각할 것 같았다. 이미 장애가 있는 사람으로 최선의 시간을 보내고 있는 것이다. 영화를 배우고, 연기하거나 촬영하는 거, 그것은 특별한 기술인데 어떻게 그런 걸 할 수 있겠냐고 생각할 수도 있다. 설사 조금 배우게 되더라도, 그것이 먹고 사는 문제에 특별히 영향을 주지는 않을 거라고 생각할 것이다.

이상하게 들릴 수 있겠지만, 그건 그 엄마만의 생각은 아니다. 3년 전 영화모임에 참여하면서 나도 비슷한 생각을 했다.

'이 친구들이 영화를 만든다고?'

그런데 우리는 전문가의 지도와 여러 사람들의 도움을 받으면서 3년 동안 영화모임을 이어 나갔고, 3년째에는 상도 받았다. 3년 동안 하면서 실력도 늘고 그에 따라 흥미도 생겼지만, 무엇보다도 영화모임을 하는 건 이 친구들에게 시간을 즐겁게 보내는 하나의 문화활동이자 놀이였다.

'이거 안 하면 그 시간에 뭐 할 건데?'

나는 늘 이런 생각을 한다. 직장을 다니는 것도 아니고, 자기 혼자 알아서 할 즐거운 일도 없으니 말이다. 다만 원종이는 부모가 운영하는 식당에 날마다 출근하니 다행이지만 말이다.

나는 영화모임에서 도우미다. 모임 장소까지 차로 태우러 다니고, 영화제 사무국이 요청하는 업무를 하고, 모임 장소와 촬영 장소 같은 걸 알아보는 일을 했다. 그 시간은 내가 지훈이나 새벽이를 돌보는 시간이기도 해서, 어떤 면에서는 일하는 시간이기도 했다. 그렇게 우리는 지난 3년 동안 영화모임 놀이를 했다.

영화모임의 미선이가 강화윈드오케스트라 단원으로 참여하는 정기공연이 강화문예회관에서 열렸다. 마침 1년 넘게 병원에 입원해서 영화모임에 나오지 못했던 지훈이와 일정이 맞아 같이 갔다. 암 치료를 받고 있는 옆 동네 천종 형님도 같이 갔다.

가기 전에 지훈이와 꽃집에 들렀다. 꽃집 사장님과 지훈이 아버님이 초등학교 친구 사이다. 나는 꽃다발을 주문하고 지훈이가 미선이한테 줄 거라고 알려드렸다. 그래서인지 사모님은 정성껏 준비한 꽃다발을 1만 원만 받고 지훈이한테 건네주었다. 지훈이는 자신이 갖고 있기도 하고 나한테 맡기기도 하며 공연 내내 그 꽃다발을 챙겼다.

지훈이는 이렇게 사람들이 많이 모인 곳에 함께 있는 걸 좋아한다. 오랜만에 자기가 아는 미선이를 보는 것도 지훈이에게 기분 좋은 일이다. 40명이 넘는 단원들이 무대에서 연주하

공연이 끝나고 지훈이(앞줄 왼쪽 첫 번째)가 미선이(앞줄 왼쪽 두 번째)에게 꽃다발을 주었다. 지훈이는 받는 것보다 주는 걸 더 좋아한다.

익숙해지기와 부담 나누기 7

는 웅장한 음악도 지훈이를 압도했을 것이다. 다른 때와 달리, 1시간 반이 넘는 공연 내내 지훈이는 아빠한테 단 한 번만 전화를 했고, 가겠다고 보채지도 않았다.

천종 형님도 무척 좋아했다.

"야, 이런 데 처음 와본다. 너무 좋네."

그러면서 이런 행사에 더 많은 사람들이 와서 즐기면 좋겠다는 얘기를 했다. 나는 상상했다.

'내년에는 천종 형님이 스무 명 정도는 모아오지 않을까?'

지휘자는 곡이 끝날 때마다 곡에 대한 설명을 하기도 하고, 이번에 대학에 진학하는 단원을 소개하기도 했다. 특이한 건 초등학생 단원이 세 명이나 있다는 점이었다. 중년 연주자도 여럿 있었다. 거기에 미선이 같은 장애인 친구도 있으니, 정말 특별한 오케스트라다.

두 번째 곡을 마치고 지휘자가 이렇게 말했다.

"이번 곡에서는 삑사리가 났어요."

나와 천종 형님은 알아채지 못했는데, 지휘자는 스스로 멋쩍었는지 이어서 설명했다.

"예전에 선배가 한 말이 생각나네요. '아, 맞춰봐야 하는구나.' 아마추어는 미리 맞춰봐야 하는 거랍니다."

이 대목에서 사람들은 웃으며 박수로 응원했다.

공연이 끝나고 지훈이가 미선이한테 꽃다발을 줬다. 함께 사진도 찍었다. 꽃다발을 받은 미선이보다 꽃다발을 주는 지훈이가 더 행복해했다. 꽃다발을 받고 좋아하는 미선이를 보는 게 지훈이한테는 즐거운 일이다. 옆에 있던 미선이 엄마도 흐뭇해했다.

장애인 가정들이 주축이 되어 법인을 만든 지 이제 5년째다. 그동안 우리는 여러 종류의 일을 진행하고 다듬었다. 힘들고 어려운 일이 많았다. 그때마다 서로를 의지하면서 목표를 향해 나아갔다. 최근 2년 동안은 농림축산식품부의 사회적농업 지원을 받아 내용이 더 풍부해졌다. 질적 성장을 한 것이다. 그러면서 목표도 더 뚜렷해졌다.

"앞으로 5년 동안 우리가 해나갈 일들입니다."

내가 주말농장 식구들에게 설명하는 동안 식구들은 진지하게 들었다.

"우리 아이들이 더 넓고 쾌적한 공간에서 다양한 사람들과 어울리는 농장을 만들어 봅시다. 그리고 그것이 제도화되어 모든 장애인들이 집과 부모 손에서 벗어나, 세상 사람들 속에서 뛰어놀게 합시다."

나는 이런 운동의 밑바탕에는 '익숙해지기'가 깔려있어야 한다고 생각한다. 낯선 것을 받아들이는 건 어렵다. 머릿속 이해도 필요하지만, 자주 만나고 경험하는 '몸의 익숙함'이 꼭 필요하다. 친근해지면 보다 쉬워지고 각별해진다. 나태주 시인의 말처럼, 장애인도 자세히 보아야 예쁘고, 오래 보아야 사랑스럽다. 더 많은 사람들이 장애인 문제를 자세히 보고 오래 보았으면 하고 바래 본다.

사회적농업은 지역사회에서 장애인을 비롯한 사회 약자들이 어울리도록 하자는 농림축산식품부의 정책이다. 몇 년 전부터 시행하는, 보건복지부가 주관하는 발달장애인주간활동지원센터도 비슷한 방향성을 지향한다. 장애인만 따로 모아 돌보기보다 지역사회 프로그램을 적극 활용하여 참여하라고 한다. 1대1 돌봄만이 아니라 여럿을 모아 함께 돌보는 것도 가능하도록 했다. 그에 비해 오래전부터 해온 장애인활동지원제도는 장애인과 지원사가 1대1로만 돌보게 하고, 지역사회와의 연계는 전혀 다루지 않는다.

사회적농업 등을 통해 장애인들이 지역사회와 어울리면 장애인과 지역주민 모두에게 익숙해지는 효과도 있고, 어려움이 분산되는 효과도 있다. 부모와 도우미들의 고통과 헌신을 지역사회가 나눠 부담하게 된다. 이런 방향으로 나아가면 장애인 문제를 견디지 못하고 극단적인 선택을 하거나 불행해지는 사람이 적어질 것이다. 누구나 견딜 수 있어야 하고, 나아가 즐겁게 사는 사회가 돼야 한다.

이런 익숙해짐과 '부담 나누기'보다 더 중요한 건 장애인 친구들 입장이다. 친구들은 여럿이 함께 있을 때 즐거워한다. 남들과 어울리는 성향이 아닌, 자폐 장애가 있는 새벽이도 사람들이 많은 데서 노는 걸 좋아한다. 직접 같이 놀지는 않아도,

사람들이 많은 곳에 있을 때 더 잘 논다. 그래서 나는 급하게 새벽이의 부적절한 행동을 지적할 때 이렇게 말하곤 했다.

"그럼 새벽이 안 데리고 다닌다!"

이 책은 지난 5년 동안 우리가 장애인 친구들과 논 얘기다. 우리는 이 친구들과 놀면서 힘들기도 했지만, 재밌거나 신선한 때도 많았다. 이런 소재로 시트콤을 만들거나 소설 같은 걸 쓰면 재밌겠다는 생각도 하곤 했다. 이 책을 쓰면서는 동화를 만들어볼까 하는 생각도 했다.

삶의 질이 나아지면서 전에는 보이지 않았던 것들을 보는 여유가 생겼다. 전에는 관심을 두지 않아 하찮게 여겨졌던 장애인 문제가 자세히 보고 오래 보면 예쁘고 따뜻한 또 하나의 삶과 사랑의 이야기일 수 있다. 우리의 경험담이 독자들에게 장애인의 삶과 익숙해지는 하나의 좋은 도구가 되기를 바란다. 장애인 문제에 쉽게 다가가고 친근해지기를 바라는 소망을 담아 첫인사를 한다.

차례

익숙해지기와 부담 나누기　5

1장 나리네 집 불 안나!

날마다 여행가겠다고 말하는 지훈　17
장승하고 뽀뽀하고 싶어요　26
나리네 집 불 안나!　34
같이 놀래요?　50
지훈이랑 보낸 하루　56

2장 흑염소 없는 거, 보러 가요

도망간다는 건　61
"흑염소 없는 거, 보러 가요!"　78
두껍아, 사람들은 왜 나를 귀찮게 하니?　89
소리 질러!　98

3장 무서운 사람

말이 많은 건가요, 아는 게 많은 건가요?　109
앞자리 차지하기　118
무서운 사람　121

택배 송장 붙이기 놀이 　　　　　　　　　　　136
지훈이가 나한테 준 사탕은 누구 건가? 　　　　144

4장 이러다 우리 해외영화제 가는 거 아녀?

공연, 보러오세요 　　　　　　　　　　　　　155
이러다 해외영화제 가는 거 아녀? 　　　　　　171
내가 이걸 왜 하지? 　　　　　　　　　　　　188

5장 다대다 돌봄농장을 꿈꾸다

어깨가 쓸쓸한 탐험가 　　　　　　　　　　　207
나 화장실 갈래 　　　　　　　　　　　　　　228
네덜란드식 (다대다)돌봄농장을 꿈꾸다 　　　　241
5년의 꿈 　　　　　　　　　　　　　　　　　252

다 같이 돌자, 동네 한바퀴　271

1장
나리네 집 불 안나!

날마다 여행가겠다고 말하는 지훈
장승하고 뽀뽀하고 싶어요
나리네 집 불 안나!
같이 놀래요?
지훈이랑 보낸 하루

날마다 여행가겠다고 말하는 지훈

"나는요~."

지훈이를 태우고 조금 달리면, 어김없이 지훈이의 어눌한 말이 시작된다.

"여행 갈 거예요."

지훈은 늘 여행가겠다고 한다. 묻지 않아도, 혼잣말처럼 말한다. 대꾸하지 않아도 계속 말하지만, 나는 소리꾼의 흥을 돋우는 고수처럼 가볍게 질문을 던진다.

"어디?"

"파주요."

파주로 여행을 다녀온 적이 있어서 그런지는 몰라도, 늘 파주라고 한다.

"뭐 타고 가?"

"말차."

말이 그려져 있는, 마사회에서 기증한 차를 말차라고 한다. 다른 친구들도 그렇게 부르는지 모르지만, 참 재밌고 간단한 말이다.

"누구랑 가?"

"최민석 샘이랑."

지훈의 대답은 늘 똑같다. 지훈이가 다니는 마리아주간보호센터 샘하고 같이 간다는 거다. 그 샘이 지훈이 뜻을 잘 받아주는가 보다. 최민석 샘이 휴가갔던 주는 센터를 아예 안 가겠다고 우겨서, 부모가 하루종일 지훈이를 돌보느라 힘들었다고 한다.

"지훈이는 좋겠네!"

이렇게 부추겨 주면 지훈이는 미소를 지으며 한껏 으쓱댄다.

이렇게 말하는 짧은 순간이 지훈이한테는 하루 중 가장 행복한 순간이다. 들어만 주고 몇 마디 대꾸만 해줘도 지훈이는 마냥 행복해한다. 그러나 이런 대화를 들어주고 해줄 사람이 없다. 대화뿐만 아니라 놀아줄 사람도 없다.

끝없이 전화하는 지훈

"어! 쟤 아는 애다."

지나가는 사람을 보고 지훈이가 대단한 걸 발견한 것처럼 흥분했다. 마침 차를 세우려던 참이었는데, 차가 서자마자 지훈이는 그 사람을 쫓아 막 달려갔다. 한 오십 미터쯤 쫓아가 지훈이는 그 사람을 만났다. 그러더니 방향을 돌려 내가 있는 곳으로 어깨동무를 하고 같이 걸어왔다.

"얘가 동섭이예요."

지훈은 동섭 군을 내게 자랑스럽게(?) 소개했다. 동섭 군은 아마 강화고 후배인 듯한데, 지훈이가 늘 말버릇처럼 말하는 이른바 '착한 사람' 같았다. 지훈이가 가끔 '이동섭'이라는 이름을 말하고는 했는데, 나는 지훈의 외삼촌쯤으로 생각하고 있었다.

"전화가 안 돼!"

"전화번호 있을 텐데…."

동섭군이 지훈이 핸드폰에서 전화번호를 찾아보더니, 없는 걸 확인하고 전화번호를 입력해 줬다. 그리고 며칠 후 지훈이는 동섭 군한테 전화를 했다. 그런데 전화를 안 받는다.

"에이! 전화를 안 받아!"

지훈이는 짜증을 낸다. 그러더니 막말을 한다.

"쏴버릴 거야!"

총으로 쏜다는 건데, 지훈이의 말버릇이다. 총을 무서워 하고, 총으로 쏴버린다는 말을 버릇처럼 말한다. 고약한 말버릇이다. 그러나 현실성은 너무 떨어진다. 그럴 가능성은 전혀 없으니, 그냥 넋두리로 귀엽게(?) 봐줘야 하는 건가?

나는 동섭 군이 전화를 안 받는 이유를 짐작한다. 아마 그 날 밤과 다음날 새벽에 걸쳐 지훈이는 수십 번 전화를 했을 것이다. 처음 몇 번은 받았겠지만, 너무 심하니까 그 다음부터는 아예 무시했을 것이다. 어쩌면 '수신거절'을 걸어놨을지도 모른다.

나한테도 지훈이는 계속 전화를 한다. 하고 또 하고, 정말 수없이 전화를 한다. 잘 모르는 사람은 이럴 경우 화를 낼 테니, 지훈이가 전화할 생각을 못 할 것이다. 발달장애지만 사회성이 있는 지훈은 다른 사람이 화내는 걸 무서워한다. 그런데 화를 내지 않는 사람에게는 무한정 엉겨 붙는다. 엄마와 아빠 그리고 갱구한테.

일을 못할 지경이라 나는 지훈 전번을 '거절' 처리해놨다. 가끔 지훈이는 내게 전화를 안 받는다고 불평한다. 그러면서 내 전화기를 뒤져 확인한다. 거기에 자기 번호가 있는 걸 보고, 이상하다는 표정을 짓는다. 그리고 자기 전화로 나한테 전화를 해본다. 벨소리가 울린다. 그 다음에는 내 전화로 자기한테 전화를 해본다. 이건 벨소리가 안 울린다.

딱 여기까지다. 지훈이 지능으로는 판별이 안 된다. 갱구가 자기 전화를 안 받는 것으로 의심했는데, 이것저것 증거를 확인해 보니 꼭 그런 것 같지는 않다. 그런데 자기가 전화하면 전화가 안 된다.

'고장난 걸까?'

지훈이는 이렇게 생각할 것이다. 나는 속으로 웃으며, 아무렇지도 않다는 듯이 그저 바라만 본다.

영화모임은 지훈이의 놀이터

이렇게 놀아줄 사람도, 전화할 사람도 없는 지훈이에게 영화모임은 아주 흥미로운 동네다. 감독이 하는 수업내용을 따라갈 수는 없지만, 여럿이 모인다는 것 자체가 즐거운 일이다. 게다가 지훈이가 정말 좋아하는 여자 애들도 있고 이모들도 있다. 엄마 아빠와 갱구 말은 잘 안 듣는 지훈이지만, 이 모임에서는 원종 형이나 여자 동생들 말은 무서워한다. 정말 무서워서 그런 건지, 말을 안 들으면 그 사람들이 자기랑 안 놀아줄까 봐 그런 건지는 잘 모르겠다.

영화를 찍기 위해 배를 타고 섬도 가봤다. 막달레나 공동체 쉼터에서 잠도 같이 잤다. 부모님들 모시고 식사대접 하는 행사도 했다. 지훈이는 거의 아무 일도 안 했지만, 맛있는 식사가 준비되고 지훈이 아빠도 오셨다.

준비하면서 각자 부모님께 하는 인사말을 영상으로 찍었다. 말은 못하고 표정만 나왔지만, 지훈이도 영상에 등장했다. 이 모든 과정이 지훈이한테는 신기하고 놀라운 일이다. 과정 자체가 지훈이한테는 시간 가는 줄 모르는, 즐거운 일이다.

그렇게 만든 영화를 상영하고, 다른 장애인 친구들이 악기를 연주하는 문화제를 가을에 했는데, 그 안내지에 지훈이 사진이 두 개나 실렸다. 지훈이는 그걸 다른 사람들에게 보여주며 자랑한다.

영화모임에서는 내년에도 계속 영화를 찍기로 했다. 작년에는 외로움과 슬픔 그리고 자립하고 싶은 마음을 나열하듯이 찍었는데, 올해는 가족들과 떨어져 우리들끼리 1주일을 같이 지내는 장면을 찍었다. 그 연장선상에서 내년에는 실제로 자립생활을 알아보는 장면, 다른 지역과 외국의 장애인 자립생활을 알아보는 장면들을 중심으로 영화를 만들기로 했다. 작년과 올해에 이은 3부작인 셈이다.

부모와 떨어져 살 수 있을까?

지훈이는 자립하겠다는 생각이 없다. 아니, 자립한다는 게 뭘 뜻하는 건지도 모르고, 설사 알아도 그럴 맘이 없을 것이다. 지훈이는 현재 상태가 좋다. 장애인 시설이나 병원에 가면 지금처럼 자기 맘대로 행동하지 못할 것이다. 비슷한 장애인들만 모인 곳에서 지훈이는 결코 재미를 느끼지 못할 것이다. 실제로 지금 주중에 다니는 주간보호센터에서도 흥미를 별로 느끼지 못한다고 한다. 거기에는 지훈이보다 사회성이 훨씬 떨어지는 친구들만 있기 때문이다.

지금처럼 부모와 살면서 여기저기 마음껏 다니는 생활이 지훈이한테는 좋다. 그런데 지금처럼 살면 지훈이가 돈을 많이 쓴다. 지훈이는 다른 사람과 일반적인 대화와 교류가 안 되니까, 돈으로 물건을 사서 주는 것으로 관계를 맺는다.

새벽에 눈 뜨자마자 만 원을 달래서 나간다. 커피, 과자, 음료수 등을 사서 아는 사람들한테 인심을 쓴다. 돈이 떨어지면 또 돈을 받으러 온다. 안 주면 막 화를 내니까, 부모는 말 그대로 돈으로 시간을 때운다. 주간보호센터를 안 가고, 내가 돌보지도 않는 날에는 하루에 5만 원까지 쓰기도 한다.

돈만 많이 쓰는 게 아니다. 엄마 아빠한테 막말도 하고 행패도 부린다. 타이르거나 달래거나 혼내도 소용없다. 정말 대책이 없다. 이제 힘도 빠진 육십 대 부모는 그저 당하기만 한다. 하루하루 무사히 시간만 지나기만 바랄 뿐이다.

그렇지만 지훈이는 낯선 사람들이나 만만하지 않은 사람들은 무서워한다. 지금 주변에도 무서운 사람이 몇 있다. 처음 만나 기싸움에서 진 사람들은 무서워한다. 유찬호 신부, 새벽이 아빠, 김영재 샘, 이 세 사람을 무서워한다.

주간보호센터의 최민석 샘과 갱구는 무서워하지 않지만, 적당히 말은 듣는다. 자기 뜻을 받아주는 몇 안 되는 사람들이라 아예 무시하지는 않는다. 자기가 막 나가면 이 사람들이 자기랑 안 놀아줄 거라고 생각하기 때문일 수도 있다.

이런 지훈이를 자립시키려는 것은 먼저 부모를 위해서다. 이제 부모가 말도 안 듣고 기운만 센 지훈이를 감당하는 건 너무 힘들다. 그보다 더 중요한 건 지금 같은 생활을 계속 하는 것이 지훈이에게도 결코 좋은 게 아니기 때문이다. 사람들과 제대로 교류하지 못하고, 오로지 부모만 괴롭히는 삶을 앞으로도 계속할 것인가? 이 물음에 마침표를 찍을 수는 없을까 하는 문제의식이다.

우리에게 정말 꿈이 있는 걸까?

지난해 우리는 이런저런 소박한 생각을 나누고 그걸 영화로 찍었다. 우리 생각을 영화로 찍는다는 것 자체가 흥미로웠다. 올해 우리는 작년에 이어 좀 더 진지하게 생각했다. '정말 우리가 자립할 수 있을까?'
못할 것도 없을 것 같은데, 하나하나 깊이 생각해 보면 자신이 없다. 그러다가 '일단 1주일 살아보면 어때?' 하는 마음으로 '1주일 살이'를 하며 영화를 찍었다. 문제도 있었고 말썽도 많았지만, 그래도 해냈다. 시간이 어떻게 지나갔는지 모를 정도로 '휙' 하고 지나가 버렸다. '더 해봐?' 하는 마음도 든다.
처음에는 가벼운 마음으로 자립생활을 얘기했는데, 이제 진지한 고민이 되어 가고 있다. '못할 것도 없지 않을까?' 하는 마음도 든다. 마음속 얘기를 말해 보고, 그걸 영화로 찍어 보고, 이제 영화가 우리에게 현실로 다가올 것만 같다. 그래서 내년 영화가 더 기대된다.
그래서 정말 우리가 자립생활을 하게 되면 지훈이는 어떻게 달라질까? 친구들한테 커피 타주고, 이런저런 심부름 하는 건 지훈이 몫일 거다. 무거운 물건 나르는 것도 지훈이가 다 할 거다. 개와 닭들에게 먹이를 주고, 달걀 꺼내오는 일도 잘할 거다. 달걀을 배달하러 갈 때도 지훈이는 앞장설 것이다. 같이 놀 때는 가장 크게 박수 치고 웃을 것이다.

손님이 오면 가장 먼저 달려가 반갑게 맞을 것이다. 화장실 불이나 컴퓨터 끄는 것도 지훈이 몫일 것이다. 흐트러진 물건들도 지훈이는 잘 정돈할 것이다. 밥도, 여럿이 함께 먹으면, 지금보다 훨씬 잘 먹을 것이다. 가끔 엄마 아빠가 지훈이를 만나러 오실 것이다. 지훈이가 집에 가서 자고 올 수도 있을 것이다.

정말 이런 날이 올까? 꿈이 이루어질까? 자신이 없다. 남들이 가지 않은 길을 우리가 잘 갈 수 있을지 의문이다. 그러나 한편으로는 이런 생각도 든다.

꿈이 이뤄지지 않을지를 걱정하기보다 우리에게 정말 꿈이 있는지를 확인해 봐야 하는 건 아닐까?

장승하고 뽀뽀하고 싶어요

자폐성 발달장애인인 새벽이는 다른 사람과 잘 어울리지 않는다. 사람 관계를 잘 모르기 때문에 영화나 연속극도 보지 않는다. 어른들 노래도 별로 좋아하지 않는다. 만화영화나 동요를 좋아한다.

다른 것에 비해 음악에 재능이 있는 새벽이는 클래식 음악을 좋아한다. 새벽이는 뉴스나 일반 라디오 프로를 듣지 않는다. 어쩌다 KBS 클래식 FM 프로를 틀어줬는데, 그걸 좋아했다. 이제는 다른 프로를 들으면, 음악을 틀어달라고 한다. 그래서 새벽이랑 같이 차를 타게 되면 계속 클래식 음악을 듣게 된다. 그러다 보니 나도 그 프로가 좋아졌다.

마구잡이 질문과 또바기 답변

글을 읽고 쓸 줄 아는 새벽이는 차를 타고 가면서 간판이나 이정표를 계속 본다. 그러면서 나한테 묻는다.

"불은남로가 뭐야?"

"응, 여기 이 길, 불은면 남쪽에 있는 길이라는 뜻이야."

여기에 그치지 않고 좀 더 설명을 해준다.

"로는 길이라는 뜻이야."

자꾸 설명을 해주고 원리를 설명하다 보면 좀 더 일반원리를 알게 되지 않을까 하는 생각에서다. 그러나 새벽이는 늘 맹랑 그 자체다. 내가 설명을 다 끝내기도 전에 새벽이는 벌써 다른 걸 묻는다. 내 대답에 맞게 자기 의견을 내는 게 아니라, 자기 의견만 마구 쏟아내는 것이다.

'엥? 이 녀석 내 말을 듣지도 않고 있었군!'

이렇게 늘 속지만, 나는 새벽이가 물을 때마다 진지하게 대답한다. 또바기 갱구의 어쩔 수 없는 버릇이다. 만 2년 넘게 이렇게 해보지만 효과는 거의 없는 것 같다. 그렇지만 대화는 끝없이 이어지고, 조금씩 나아지고 있다.

"포크레인 아저씨 제사 지내고 싶어요."

이건 또 무슨 뚱딴지 같은 질문인가? 언제나처럼 나는 또바기처럼 설명한다.

"새벽아, 제사는 죽은 사람한테 지내는 거야. 할머니 돌아가셨으니까 제사 지내잖아."

새벽이는 제사 지내는 걸 좋아한다. 새벽이 할머니와 할아버지는 돌아가셨다. 그 제사 때마다 새벽이가 좋아하는 음식이 많다. 그러니 새벽이는 제사를 좋아하는 것이다. 포크레인 아저씨 제사를 지내도 맛있는 음식이 많을 거라는 즐거운(?) 상상을 하면서 내게 그 말을 한 것이리라.

"포크레인 아저씨는 안 죽었으니까 제사 지내는 거 아니야."

그러면서 나는 손을 들면서 이렇게 말하라고 알려준다.

"안녕하세요!"

새벽이가 작은 소리로 따라한다.

"새벽아, 더 큰 소리로 하는 거야. 안녕하세요! 이렇게."

이렇게 자꾸 하다 보니 행동이 조금씩 달라지기도 한다. 사람들을 만나 손을 들면서 '안녕하세요' 하며 큰소리로 외치곤 한다. 그런데 소리가 너무 크다. 그리고 인사하는 투의 어감이 아니다. 시비거는 느낌의 목소리다. 그러니 당연히 상대방이 어리둥절해 하고 반응을 보이지 않는다. 어떤 사람은 더 귀찮아질까봐 아예 반응을 보이지 않기도 한다. 그렇지만 '제사 지내겠다'는 사고방식에서 '안녕하세요'로 바뀐 건 참 좋은 변화가 아닐 수 없다.

관광버스에는 왜 화물칸이 있을까?

궁금한 게 많은 새벽이는 질문을 많이 한다. 어린 꼬마가 부모한테 끝없이 질문하는 것과 같다.

"건너편 레미콘 차는 어떨 때 소리 나요?"

"관광버스에는 왜 화물칸이 있어요?"
"저 트럭은 누가 운전해요?"
그럴 때마다 나는 진지하게 대답해 준다. '진지' 빼면 시체인 또바기 갱구니까.
"운전할 때 소리 나지."
이렇게 간단하게 대답할 때도 있다. 그렇지만 새벽이가 이해하고 넘어가는 건 아니다. 따로국밥처럼, 질문 따로 대답 따로다. 다음에 레미콘 차를 보면 또 똑같이 묻고, 나 역시 똑같이 대답한다. 이해하는 회로가 없는 건지, 남 말을 건성으로 듣는 건지, 참 알 수 없는 일이다.
"여행용 큰 가방을 갖고 타면 차 안이 복잡하니까 짐칸에 넣어야 해."
이런 대답 역시 그냥 흘려듣는다. 그런데 이런 질문과 대답은 복잡하다. 시내버스와 관광버스가 겉모양은 비슷한데, 시내버스에는 왜 짐칸이 없는 건지를 설명하고 알아듣기는 쉽지 않다. 그래도 열심히 설명해 본다.
"시내버스는 가까이 가는 사람들이 타니까 큰 가방이 필요 없어. 그런데 관광버스는 멀리 여행 가는 사람들이 타기 때문에…."
이렇게 한참 설명해 보지만 알아들을 리 없다. 새벽이는 다만 이렇게 느낄 것이다.
'음, 갱구 아저씨는 내가 뭘 물어봐도 다 알아. 그리고 참 열

심히 설명해줘.'

그래서 그런지 새벽이는 끊임없이 묻고 또 묻는다. 그런 새벽이를 볼 때마다 이런 생각이 든다.

'참 얘기하고 싶은 게 많구나.'

자폐라고는 하지만 성향의 문제다. 남보다 더 잘 어울리지

V하는 새벽이

새벽이는 사진 모델로 서는 걸 좋아한다.
승리의 V자를 표시하는 새벽이(그림 장혜인)

는 않지만, 새벽이도 사람들과 어울리고 싶고 물어보고 싶은 것도 많을 것이다. 다만 받아주는 사람이 없을 뿐이다.

그런 새벽이가 더 호감을 보이는 건 어린애들이다. 손을 들고 큰소리로 '안녕!'하고 외쳐보지만 반응을 보이는 아이들은 없다. 오히려 애들은 놀라기도 하고 멀리 떨어지려고 한다. 그런 애들한테 배도 많이 나오고 몸집도 큰 새벽이는 가까이 다가선다. 그러면 애들은 더 놀란다.

그러지 말라고 달래기도 하고 혼내기도 해보지만 별로 달라지지 않는다. 그럴 때마다 나는 화가 난다.

"너 이렇게 말 안 들으면 아저씨가 안 데리고 다닌다!"

이게 내가 새벽이한테 할 수 있는 가장 강력한 협박(?)이다. 어릴 때 말 안 듣는 아이들을 혼내는 엄마나 샘들의 심정 그대로다.

'녀석이 말로만 혼낸다는 걸 눈치채고 저러나?'

이런 생각도 많이 해본다. 체벌을 할 수도 없고 해서도 안 되지만, 한번 혼내줄까 하는 맘이 들 때가 참 많다. 한번은 한참 화를 낸 다음 세게 꿀밤을 먹였다. 처음으로 꿀밤을 먹은 새벽이가 눈을 동그랗게 뜨고 화난 내 얼굴을 바라봤다. 그러더니 금새 꼬랑지를 내린다.

"안 그럴게요."

이런 새벽이를 볼 때마다 나는 초등학교 때 샘한테 혼나던 친구들 모습이 떠오르곤 한다. 혼나는 친구들은 손바닥을 비비며 잘못했다고 빌면서 '한 번만 봐주세요'라고 말하곤 했다. 새벽이의 모습이 딱 그거다. 거기에 더해 새벽이는 시간이 지나면 애교를 떤다. '나리 아빠!' 라고 뭔가 말할 게 있다는 듯 진지하고 부르고, '좋아요'라고 낮은 목소리로 말한다.

때때로 새벽이는 혼잣말처럼 말할 때도 있다.
"플루트 불 때 발 똑바로 안 하면, 송전탑이 '이놈!' 해요."
참 재밌는 표현이다. 플루트 샘이 발을 똑바로 하라고 꾸짖었을 텐데, 새벽이는 거기에 송전탑이 혼낸다는 내용을 덧붙인 것이다. 다른 사람의 꾸짖음을 자기 방식으로 소화한 걸까?
"장승에 뽀뽀하고 싶어요."
새벽이가 자주 하는 말이다. 30대 초반의 체격이 큰 청년이고, 여성에 대한 호기심도 많이 보이는 새벽이인지라 '뽀뽀'라는 말에 나는 신경이 바짝 쓰였다. 그렇지만 나는 응대를 해준다.
"두 번 하고 싶어요?"
그러면 새벽이는 금새 꼬랑지를 내린다.
"장승하고 뽀뽀 두 번 안 하고 싶어요."
장승하고 안 하고 싶으면 뭐 하고 싶은 걸까? 이런 질문이 혹시 성적인 충동을 불러 일으킬까봐 나는 묻지 않았다. 대신 다른 질문을 하곤 한다.

"장승 어디 있어요?"

"세광아파트 옆에 있는 장승한테 가볼까?"

이런 질문에도 새벽이는 곧바로 반응한다.

"장승한테 안 가고 싶어요."

'그럼 뭐지?'

자세히 물으면 장승하고 뽀뽀하지 않겠다고 하는데, 그럼 왜 처음에 장승하고 뽀뽀하고 싶다고 했지? 그냥 하는 소리인가? 예쁜 여자랑 뽀뽀하고 싶은데, 그런 말을 하면 혼날까봐 엉뚱하게 장승을 들먹인 걸까? 참 어려운 얘기다.

새벽이는 말하고 싶다. 그런데 표현이 서투르다. 말이 안 될 때는 책상을 치기도 하고, 휘파람을 불 때도 있고, 손뼉을 치기도 한다.

그런데 새벽이만 특이하다고 할 건 아니다. 비장애인도 말이 안 통해 이상한 행동을 할 때가 많다. 큰소리는 기본이고, 욕을 할 때도 있고, 비웃거나 무시하기도 한다.

거기가 거긴가?

나리네 집 불 안나!

"미, 민원, 민원이 뭐야?"

군청 1층 민원실 앞을 지나가면서 새벽이가 물었다. 순간 고민됐다. '민'자가 '백성 민(民)'인데, 백성이라고 하면 더 못 알아들을 것 같고, 잠시 멈칫했다가 이렇게 설명했다.

"우리 같은 사람들이 서류 같은 거 내는 거…."

건축허가과에 서류 내러 가는 길이라 그렇게 말이 나왔다. 나 스스로 설명을 제대로 한 것 같지 않아 말끝이 흐려졌다. 그러나 새벽이는 내 대답의 내용에는 별 관심이 없다. 자기가 묻고, 내가 대답한 형식만으로 간단한 대화 놀이는 끝난 것이다.

처음 말을 배우는 아이가 이것저것 읽는 것에 흥미를 느끼는 것처럼, 또 우리가 처음 영어를 배울 때 자기 이름도 영어로 써보고 사인도 만들어보고 했던 것처럼, 새벽이는 같이 다니면서 눈에 보이는 간판이나 글들을 많이 읽는다. 모르는 것은 물어본다. 모르니까 물어보기는 하는데, 설명을 진지하게 듣지도 않거니와 그 설명을 이해하려고 하지도 않는다. 그래도 나는 정성껏 설명한다. 또바기 갱구!

글씨 쓰는 것도 좋아한다. 초등학교 1, 2학년 때 썼던 깍뚜기 공책을 새벽이는 지금도 쓴다. 공책과 연필을 내밀며, "1번 해바라기, 2번 버스, 3번 장난감 써줘" 이런 식으로 써달라고 하고, 그걸 열심히 베껴 쓴다.

동화책 읽는 것도 좋아한다. 발음이 정확하지 않은 때도 있지만, 거의 제대로 열심히 읽는다. 읽다가 어떤 대목은 스스로 두 번씩 강조해서 읽기도 한다. 중요한 대목이라고 생각해서 그러는 건지, 자기가 잘 모르는 거라 그러는 건지는 잘 모르겠다. 이런 새벽이 같은 사람들을 위해서라도 말과 글은 쉽게 해야 한다. 덜 배운 사람들을 주눅 들게 하는 건 옳지 않다. 또 그런 식으로 하는 건 그 사람들과 깊이 사귀는 걸 포기하는 것이다.

지역아동센터들에 '장애인 연주회와 함께 하는 장애인식 교육' 행사를 알리는 문서를 새벽이 동생이 만들었는데, 글 중에 '2名'이라는 표현이 있었다. 나는 이렇게 지적했다.

"그냥 2명이라고 하자. 스태프는 도우미로 하고, 되도록 한글과 우리말로 하자. 누구에게나 가장 쉽고 정확하게 전달되는 언어를 쓰는 게 좋아."

거꾸로 말한 걸까, 원칙을 말한 걸까?

정확하지 않은 민원에 대한 내 설명을 흘려들은 새벽이는 계단을 올라가면서 내 어깨를 짚어서 눌렀다. 내가 "에이!" 하고 싫은 소리를 하자, "어깨 누르면 안 돼" 하며 행동을 바로잡는다. 내가 할 말을 자기가 하는 것이다.

새벽이는 상대가 하는 행동이나 말을 자기 처지에서 바꿔서 하는 능력이 없거나 부족하다. 두어 살 때, 손님과 헤어지면서 손을 흔들어 "빠이 빠이" 하는데, 새벽이는 손바닥을 자기 쪽으로 하고 했다. 그때 부모는 처음으로 이상하다는 걸 느꼈다. 그 행동은 바뀌지 않았다. 초등학교 때 옆집인 우리집에서 연기가 나는 걸 보고 새벽이는 엄마한테 이렇게 말했다.

"나리네 집 불 안 나!"

그냥 봐서는 불이 난다는 걸 거꾸로 안 난다고 말하는 것이다. 그런데 좀 생각해 보면, 불이 나지 말아야 한다는 원칙을 말하는 것이다. 지금 눈앞에 벌어진 사실이 아니라, 불이 나지 않는 게 맞다는 자신의 생각(원칙)을 말하는 것이다. 새벽이는 아마 이렇게 말하고 싶었을 것이다.

"불이 안 나야 하는데, 지금 나리네 집에 불나고 있어."

여기서 좀 더 나아가, "그러니까 가서 꺼야 해!"라는 말까지 하고 싶었을 것이다. 비장애인들은 '불이 안 나야 한다'는 원칙은 당연하게 여기고, 지금 벌어진 불이 중요하고 그걸 얘기한다. 그런데 새벽이는 원래 원칙에서 시작해서, 지금 불이 났고, 그러니까 그걸 끄자는 데까지 나아간다. 그런데 논리구성이 어려우니 맨 처음 원칙만 얘기하고 만다.

이렇게 맨 처음으로부터 논리를 끌어오는 방식은 또바기 현상과 통한다. 나도 그렇다. 나는 막내 보리한테 수학을 가르칠 때 아주 초보적인 원리부터 설명한다. 당장 눈앞의 문제를 빨리 풀고 싶은 보리는 내게 짜증을 낸다.

"아빠, 됐고, 그래서 이 문제는 어떻게 푸는 건데!"

이런 말을 들으면 소심한 갱구는 기가 죽는다. 그러면서 속으로 이렇게 생각한다.

'이런 원리를 잘 터득해야 공부 잘하는데….'

약속일까 대화놀이일까?

또바기 갱구는 역시 또바기 새벽이의 말을 경청한다. 말한 것만 듣지 않고, 아직 말하지 않은 말도 들으려 한다. 성격이 급한 사람들은 이런 또바기들을 답답하게 여긴다. 그래서 나처럼 말을 길게 하는 사람은 중간에 말이 끊기게 되고, 새벽이처럼 앞 단락만 얘기한 사람은 오해를 사거나 무시당한다. 식당에서 새벽이는 그런 무시를 많이 당한다.

나는 꼭 새벽이한테 뭘 먹을 거냐고 묻는다. 새벽이는 고기를 좋아하기도 하고, 고기가 아니더라도 비싼 걸 좋아한다. 시키는 걸 다 시켜줄 수는 없지만, 그래도 일단 의견을 묻는다.

"삼겹살!"

"여기는 삼겹살 없어."

그러나 새벽이는 자기 주장을 고집한다.

"삼겹살 있어!"

이때 새벽이가 말한 '삼겹살 있어!'를 어떻게 받아들여야 할까? 다른 때 내가 새벽이한테 하는 것처럼 객관식으로 해보면 이렇다.

'1번, 삼겹살 먹고 싶어. 2번, 삼겹살 먹고 싶은데, 여기 없다면? 3번, 다음에 삼겹살 사줘'

식당에는 다른 손님들도 있고, 주인에게 빨리 음식을 정해 줘야 해서 여유 있게 이런 질문 놀이를 못 해봤다. 아마 실제로 물으면, 새벽이는 당연히 "1번!" 하고 크게 대답할 것이다. 새벽이는 질러보기 대장이니까. 한편으로는 나를 떠보기 위한 수법이기도 하다. 그러다 내가 안 된다는 표정을 지은 다음 다시 물으면, "3번!" 하고 대답할 것이다. 이런 과정을 거치지 않고, 식당에서 나는 새벽이한테 이렇게 말한다.

"삼겹살은 다음에 먹고, 오늘은 제육볶음이나 두부찌개 먹자."

그러면 새벽이는 마지못해 낮은 목소리로 "예" 하고 대답한다. 그리고 속으로 이렇게 생각할 것이다.

'음, 다음에는 삼겹살 사주겠지.'

이렇게 그때그때 설득해 넘어가는데, 새벽이는 한 번도 지난 대화를 거론하면서 삼겹살 사달라고 떼쓴 적이 없다. 애들이 어릴 때 많은 부모들이 이런 식으로 넘어간다. 내가 어릴 적에도 그랬다. 나는 이렇게 따진 적이 있다.

"이잉~. 전에 사준다고 했잖아!"

나는 이런 기억을 떠올리며 왜 새벽이는 그렇게 하지 않는지 생각해 봤다.

'기억이 안 나나?'

그럴지도 모르겠다. 지능이 대여섯 살 수준이니까 그럴지도 모른다. 그런데 그 나이 아이들도 중요한 건 기억하고 고집 피운다. 지능 문제는 아닌 것 같다.

'그럼 표현력 문제일까?'

전에 약속한 걸 근거로 따지려면 몇 가지 단어와 논리구성이 필요한데, 그렇게 할 능력이 부족할 것 같다. 그렇지만 불만은 쌓일 거고, 그건 어떤 식으로든 삐져나올 거고, 그런 게 쌓이면 성격도 안 좋아질 것이다. 그래서 애들한테 그때그때 넘어가려고 지키지 못할 약속 하는 게 좋지 않다고 어른들은 말했었다. 새벽이한테도 마찬가지라고 생각한다. 어릴 때 어머니가 가끔 하시던 말이 생각난다.

"말 못하는 애들이라고 함부로 말해서는 안 된다."

한편으로는 새벽이가 '약속'이라는 개념을 정확히 이해하지 못하는 건 아닌가 하는 생각도 든다.

사람들은 보통 평범한 대화나 문서로 약속을 한다. 애들처럼 새끼손가락 걸고, 엄지손가락으로 도장 찍는 야단법석을 하지 않아도 약속은 약속이고, 서로 그걸 지키며, 그런 정도로도 법적 효력도 있고 책임도 진다. 나아가 상대 없이 혼자 자기와 약속을 하기도 한다. 무슨 대단한 장치나 징벌이 뒤따라야 약속이 의미 있다거나 지켜지는 건 아니다. 가장 중요한 건 나 스스로 그걸 지키겠다고 마음먹는 것이다.

그런데 사람마다 이런 약속(계약)의 진정성을 느끼고 지키려는 마음 정도는 다르다. 그래서 법으로 일정한 규칙을 정하고 처벌하기도 한다. 그렇지만 그건 우리 생활의 극히 일부이고, 대부분의 약속은 그냥 개인 차원의 윤리이고, 사람들의 평판 문제로 남는다.

어린아이와 장애인들에게 사람들은 약속을 각인시키기 위해 많은 노력을 기울인다. 약속 개념이 부족하기 때문이다. 특히 약속의 기본인 스스로 지켜야 하는 자기의식을 주입하기 위한 것이다. 계속 되풀이하는 건 기본이고, 때로는 사탕도 주고 때로는 혼내기도 하면서 말이다. 버릇 들이기, 습관 들이기다. 동물을 훈련시키는 것도 마찬가지다.

새벽이는 따지고 싶지만 따질 엄두가 나지 않을 수도 있다. 아니, 그보다는 그것이 지켜져야 하는 '약속'이라는 것으로 받아들인 것 같지 않다. 전의 대화는 그냥 그때그때 지나가는 대화 놀이(?) 정도로 생각할 수도 있다.

'그런데 꼭 그렇다고 단정할 수 있을까?'

나는 새벽이의 이상행동이 왜 나오는 건지 생각해 봤다. 식당에서 음식을 정하고 기다리는 동안 새벽이는 젓가락으로 식탁을 세게 치기도 하고, "끼약!" 하는 소리를 낼 때가 많다. 자기 뜻이 충분히 반영되지 않은 것에 대한 반발은 아닌가 하는 생각이 들 때가 많다. 다른 손님들한테 미안하기도 하고 해서 고쳐야 한다고 생각하기는 하지만, 고치고 신경쓸 게 한두 가지가 아니라서 엄두가 나지 않는다. 그런 행동을 자주 하는 이유도 생각해 봤다.

'처음에는 자기 뜻이 받아들여지지 않아서 한 거였는데, 하다 보니 재밌어서 몸에 밴 걸까?'

새벽이랑 놀다 보면 이런 의문이 끝없이 이어지지만, 내 지식으로는 더이상 파고 들기가 어렵다. 계속 파고들 여유도 없다. 그래서 장애인 특수교육을 전공하고 언어치료 사업을 하는 친척에게 물어봤지만, 별 대답을 듣지 못했다.

방송사에 연락해 볼까 하는 생각도 했다. 오은영 박사 프로그램이 인기인데, 장애인 대상으로 그런 프로그램을 만들면 좋겠다는 생각이었다. 그런 생각도 잠시, 나를 잡아끄는 생각이 이어졌다.

'아직 이런 연구결과는 없을 거야. 그런 게 있으면 수많은 장애인 부모들과 관계자들이 그렇게 실행했겠지. 그리고 나한

테도 그런 지식이 전달됐을 거고.'

나는 이렇게 생각하며 포기했다. 그렇지만 장애인 친구들의 생각과 행동을 더 널리 알리고 공유하면 좋겠다는 생각은 포기하지 않았다. 이 책을 쓰는 이유도 그것 때문이다. 나아가 친구들의 일상을 시트콤 같은 거로 만들어 방영하면 좋겠다는 생각을 한다. '우영우'가 인기가 좋았고, 장애인에 대한 인식을 새롭게 하는 데 도움이 됐는데, 그런 게 더 많아져야 한다. 나는 친구들과 놀면서 한편으로는 힘들지만 또 한편으로는 우습기도 하다. 그런 걸 재밌게 만들어 볼 수 있을 것 같다. 단지 친구들의 행태를 보여주는 차원이 아니라, 그걸 통해 비장애인들도 자기 생활을 돌아볼 수 있는 계기가 될 수 있다.

알아듣기 쉬운 말

"에구, 새벽이처럼 말이라도 하면 얼마나 좋을까…."

말 못하는 장애가 있는 아들을 둔 아빠의 한탄이다. 그 아빠한테는 새벽이가 하는 말짓이나 번잡함은 별 대수롭지 않은 것들이다. 지훈이는 그런 정도는 아니다. 그렇지만 지훈이는 말은 잘 하는데, 글을 쓰거나 읽는 건 거의 못 한다. 자기 이름이나 엄마 아빠 이름은 쓴다. 그러나 이건 한글을 깨쳐서 쓰는 게 아니라, 그림으로 익혀서 그리는 것이다. 읽는 것도 마찬가지로 오랫동안 봐온 것만 읽을 줄 안다.

그런 지훈이에게 자기만의 호칭이 몇 개 있다. '말차'와 '머리방' 같은 것들이다. 지훈이가 다니는 마리아주간보호센터 차는 마사회가 기증한 차다. 차에 말이 그려져 있다. 지훈이한테는 그 말이 가장 눈에 띄는 것이다. 그래서 말차라고 하는 것이다. 재밌는 표현이다.

지훈이가 혼자서 다니는 미용실이 있다. 단정한 걸 좋아하는 지훈이는 머리를 자주 깎는 편이다. 머리 깎을 때는 얌전하다. 여기는 머리방이라고 부른다. 좋은 말이다. 굳이 한문 이름을 쓸 필요가 없다.

아마 조상들이 처음 단어를 만들 때 이렇게 했을 것이다. 실제 보이는 모습이나 쓰임새 등을 있는 그대로 단어로 만들었을 것이다. 그래서 쉽게 이해됐다. 문명이 발달하면서 더 많은 개념이 필요하고, 외부에서 들어오는 문명 때문에 있는 말로는 표현하기 어려운 게 많아졌을 것이다. 그래도 되도록 원래 쓰던 말, 모든 사람이 이해할 수 있는 말로 표현하려고 하는 게 좋다.

'대림제일우수배제펌프장', 한때 살았던 서울 대림역 근처에 있던 안내판이었다. 처음에 나는 우수한, 뛰어난 펌프장으로 이해했다. 펌프장을 신기술로 잘 만든 건 줄 알았다. 나중에 여러 번 보고서야 그게 빗물(雨水)인 줄 알았다. 지금은 안 보이는데, 그 즈음에는 '제차정지'라는 말도 많았다. 이것도 나는 처음에 '자기 차 정지하라'는 걸로 이해했다. 그런데 자기 차 정지하지, 남의 차를 어떻게 정지하겠는가. 제차가 모든 차(諸車)라는 것도 한참 뒤에 알았다.

지금은 영어를 많이 쓴다. 꼭 필요하지 않아도 멋으로 쓰기도 하고, 잘난 체 하려고 쓰기도 한다. 어떤 이는 그것을 '너네는 몰라도 된다는 뜻으로 쓴다'고 해석하기도 한다. 나는 이게 제일 싫다. 멋부리고 잘난 체 하는 거야 봐줄 수 있다. 좋다거나 옳은 건 아니지만, 그럴 수도 있다. 그런데 '너는 몰라도 돼'는 차별이고 벽이다.

어릴 때 친구들이나 형들이 하는 말 중에 '넌 몰라도 돼'라는 말이 있었다. 같이 있는 나는 모르는 상황을 얘기하면서 그게 뭐냐고 물으면 그렇게 얘기했다. 그럴 때마다 나는 이렇

사회적농업 연수에 따라가 강의를 듣고 그림을 그리는 새벽이

게 생각했다.

'그럼 자기들끼리 있을 때 얘기하지 그래.'

자기들만의 언어로 다른 사람을 멋쩍게 하는 경우도 많다. 모르는 단어나 용어일 수도 있고, 경험해 보지 않은 상황일 수도 있다. 어릴 때 친구들은 유명한 영화배우나 연속극 배우 이름을 많이 알았다. 나는 영화 보러 갈 돈도 없었고, 텔레비전이 없어서 연속극을 볼 수도 없었다.

"찰스 브론슨도 몰라!"

이런 핀잔을 가끔 들었다. 친구들 중에는 내용을 모르는 나에게 신나게 설명해주는 친구들도 있었다. 나는 모르는 게 문제라고 생각하지 않았고, 몰라도 대화나 사귐은 얼마든지 가능하다고 생각했다. 훨씬 나이가 들어 내 삶에 자신감이 많이 생겼을 때, 나는 아이들에게 이런 농담을 하곤 했다.

"아빤 동방신기도 몰라?"

텔레비전에 나오는 가수를 내가 몰라보면 애들이 나를 놀린다. 이럴 때 나는 이렇게 되받는다.

"아마 걔도 나 모를 걸!"

아이들은 썰렁하다고 했다. 아재개그라고 놀리기도 했다. 그래도 나는 꿋꿋하게 했다. 술 마시고 일어날 때 나는 "레츠 가자!"라고 한다. 그러면 아이들은 내가 했던 말로 나를 놀린다.

"아이고, 한 번만 더 들으면 만 번이다, 만 번!"

'레츠 가자.', '만 번.' 둘 다 대학 탈반 공연 때 들은 대사다. 그런데 나의 그런 말을 놀리던 아들이 친구들과 술 마시고 일어나면서 자기도 모르게 '레츠 가자!'라고 했단다. '이건 뭐지?' 평소 아빠의 아재개그 수준을 알게 모르게 우러러봤던 거 아닐까? 오호, 이거 아재개그 정신의 승리다!

선생님보다 갱구

나는 학교 다닐 때 머리 단속에 걸려 뒷머리를 바리캉으로 잘린 다음에 이발소에 간 적이 많다. 머리를 기르고 싶어서 그런 게 아니라, 최대한 늦게 깎기 위해서였다. 지금도 최대한 늦게 깎는데, 그럼 머리를 감고 빗질을 해도 머리가 단정하지 않다. 그런 나를 지훈이는 혼낸다.

"머리 좀 깎아!"

나는 "응, 알았어" 하고 대충 넘어간다. 그런 내게 지훈이는 구체적인 지침을 주곤 한다.

"정 머리방 알지?"

"응, 군청 앞에 있는 거?"

이렇게 응대하면 지훈이는 한껏 으쓱댄다.

"거기 사장 나 잘 알아. 최고야!"

엄지 척을 하며 말하는 표정이 아주 환하다. 이럴 때 지훈이 기분은 최고다.

같이 '정 머리방'에 간 적도 있다. 그럼 지훈이는 자기가 손님을 데리고 왔다는 티를 한껏 낸다.

"이갱구, 내 친구야."

'히히, 녀석. 다 자기 친구란다.'

지훈이는 복모음인 '광'자 발음을 잘 못한다. 그래서 광구가 아니라 갱구처럼 들린다. 지훈이가 내 이름을 부르면, 간혹 어떤 이들은 지훈이한테 그러면 안 된다면서 "샘이라고 불러야지!" 하며 지적한다. 그러나 나는 샘이라고 하는 것보다 그냥 갱구가 좋다. 그렇게 편한 사람인 게 지훈이한테 좋을 것 같다.

새벽이는 나한테 나리 아빠라고 부른다. 부모나 주변 어른들이 나리 아빠라고 부르니까 자기도 따라 부르는 것이다. 새벽이는 자기 엄마한테도 '새벽이 엄마'라고 부를 때도 있다. 역시 남들이 그렇게 부르는 걸 따라 하는 것이다.

갱구라고 부르던, 나리 아빠라고 부르던, 뭐라 불러도 나는 괜찮다. 오히려 선생님이라고 부르는 게 더 딱딱해서 좋지 않다. 아들과 딸도 나한테 갱구라고 부른다. 새벽이나 지훈이 그리고 보리와 온달이한테도 가르치는 사람보다 같이 놀 친구가 필요하다. 그래서 나는 갱구나 나리 아빠가 더 좋다.

내가 머리 깎는 사이에 지훈이는 밖으로 나간다. 그 새 편의점에 가서 깡통 커피를 사와 사장님과 손님들한테 인심을 쓴다. 손님은 어색해하지만, 사장님은 곧바로 받으며 이렇게 말한다.

"고마워 지훈아. 잘 마실게."

지훈이는 이런 말을 제일 좋아한다. 자기가 사주는 걸 받아 주는 사람, 그리고 고맙다며 먹는 사람, 이 사람이 자기와 놀아주는 사람이다. 또 자기를 인정해 주는 사람이기도 하다. 지훈이는 대화도 하고 싶고, 같이 놀고도 싶지만, 그렇게 해줄 사람이 없다. 지훈이는 그래서 커피를 사준다. 모르는 사람들한테도 막 준다. 대로변에 서 있는 택시 기사들한테도 나눠 준다.

그래서 강화읍에서 지훈이를 아는 사람들이 많다. 인기도 좋다. 지훈이는 길을 걷다 아는 사람을 만나면, "안녕하세요" 하며 큰소리로 인사한다. 그럴 때마다 지훈이는 어깨를 들썩이고, 얼굴에는 아주 웃음기가 넘친다. 나에게 자랑하는 모양새다.

'봐, 나 이런 사람이야. 아는 사람이 이렇게 많아.'

그런 지훈이를 보고, 나는 지훈이 아빠한테 이렇게 말했다.

"지훈이가 군수 출마하고 제가 사무장하면 당선되겠는데요."

이렇게 쓰는 돈이 처음에는 1만 원이었다. 갈수록 금액이 늘었다. 특히 지훈이 상태가 안 좋을 때는 더 많이 쓴다. 응대하기가 어려운 부모는 그냥 돈을 주는 게 편하다. 달리 지훈이가 시간을 보낼 방법도 마땅하지 않고, 그 요구를 안 들어주면 성질을 부리기도 하니까 말이다. 결국 지훈이는 병원에 입원했다. 부모가 감당하기 너무 힘들어졌기 때문이었다.

"우리랑 놀 때는 잘 놀았는데…."

사회적농업에 대해 설명할 기회가 있을 때, 나는 책자에 실린, 지훈이가 주말농장에서 여섯 살 아이와 손잡고 노는 사진을 보여주며 설명하곤 한다. 그리고 이런 말도 덧붙인다.

"말차와 머리방, 지훈이가 하는 말이예요. 재밌죠?"

같이 놀래요?

밤에 단톡에 지희가 글을 올렸다.
'어머니를 위해 어머니 몰래 크리스마스 깜짝 파티를 준비 중! 집안 가구 재배치랑 테이블 정리해야 하는데, 그 준비하느라 죽어가고 있습니다.'
그러더니 곧바로 도와달라는 글이 올라왔다.
'24일 날, 딱 하루만 도와주실 수 있는 분....'
아무 생각 없이 보고 있었는데, 이어서 글이 올라왔다.
'식사대접이랑 나중에 꼭 사례할게요.'
조금 있다가 또 올라왔다.
'맛있는 거 대접해 드립니다.'
그러더니 호소하는 글이 올라왔다.
'딱 하루만 도와주세요. ㅠㅠ'
일단 손을 들었다.
'저요.'

탁자 하나 덜렁 옮기고

계단을 올라가는데, 지희 목소리가 벌써 들려왔다. 들어가 보니 아는 사람이 한 명 더 있다. 요즘 아파서 병원 다니고 그래서 모임도 빠지던 미선이다. 둘은 식탁 주변에서 요리 준비를 하며 재밌게 떠든다. 크리스마스를 앞두고 기분이 좋은가 보다. 나도 초등학교 때는 그럴 때가 있었다. 그런데 언젠가부터 무슨 명절이라고 해서 기분이 들뜨거나 하지는 않는다. 세상살이에 닳고 달아서 그런 걸까?

"뭘 할까?"

나는 힘쓸 일이 뭔지 물었다.

"다 했고요, 이 탁자 하나만 옮기면 돼요."

"뭐야~. 이거 하나!"

시시하다는 투의 내 말에 지희는 엄살을 부린다.

"이거 엄청 무거워요. 우리가 못 나르겠더라고요."

탁자를 같이 옮기고 나서 지희가 말했다.

"자, 이제 고기 구워줄게요."

지희는 그러면서 양념한 소고기를 꺼냈다.

"와, 맛있겠다. 그런데 엄청 비쌀 텐데?"

"돈 번 거 다 썼어요."

지희는 지난 몇 달 동안 코로나19 방역 관련 알바를 했다. 실제 그 돈을 다 들인 건 아니겠지만, 부모님을 위한 식사와 엄마 친구들을 위한 식사대접을 위해 소고기, 왕새우, 과일 등을 많이 준비했다.

"그럼 엄마가 두 배로 채워주실 거야."

나는 이렇게 해석해 주었다. 그리고 우리는 소고기와 왕새우를 맛있게 먹었다. 자꾸 더 요리하겠다는 걸 나는 말렸다. 그러면서 새벽이 얘기를 했다.

"새벽이도 같이 올까 했는데, 말썽 피울까 걱정된다고 새벽이 아빠가 반대했어."

"데려오지 그랬어요."

"새벽이가 왔으면 저 소고기 남아나지 않을 걸?"

"크크."

"호호."

새벽이가 같이 와서 더 먹겠다고 욕심부리고 말썽을 좀 피워도 지희와 미선이는 마냥 즐거워했을 것 같다. 나 같은 범생이랑 노는 것만으로는 사는 재미가 덜하다. 지희와 미선이한테는 능률과 효율보다 재미가 더 필요해 보인다.

능률보다 재미가 더 필요한 친구들

"술도 준다고 하지 않았나?"

"운전하니까 술은 안 돼요. 대신 이거 만들어 드릴게요."

그러더니 지희와 미선이는 부엌으로 가서 뭔가를 열심히 한다. 그사이 나는 서울에 있는 아는 사람과 전화를 했다. 열흘 전부터 상의하고 있는 애벌레 사업 얘기다.

"후배한테 단위 면적당 필요시설과 필요자금을 검토해 달라고 했어요. 그거 나오면 그 후배랑 같이 강화도 가서 현장을 보면서 얘기하는 게 좋겠어요."

지인은 진행과정을 설명했다. 그 사이 지희와 미선이는 귤과 석류를 낱개로 하나씩 까서 냄비에 예쁘게 담아놓았다.

"여기에 포도주 붓고 끓일 거예요."

기다리는 동안 나는 다시 전화를 했다. 직원들 연말선물로 강화쌀을 사준 친구한테 고맙다고 인사하는 전화다.

"올해는 작년보다 더 많아졌네. 그리고 오전에 돈 들어왔더라. 고마워."

친구 사이에 고맙다는 인사 받기가 어색했는지 친구는 얼른 딴 얘기를 한다.

"그래, 잘 되고 있냐?"

"아직 걸음마지. 내년에는 좀 괜찮은 사업을 기획해 보려고 해."

지희가 음료를 가져왔다. 석류를 넣어서 그런지 포도주처럼 빨간 음료다. 잔도 제법 멋을 낸 잔이다. 나야 아무 음료나 마시고, 잔도 멋지거나 예쁜 걸 따지지 않는다. 맛있으면 좋고 취하면 더 좋을 뿐이다. 그런데 지희와 미선이는 멋과 분위기를 더 즐기는 것 같다.

"애벌레 키우는 사업 준비하고 있는데, 그런 일 할 수 있을까?"

그러면서 나는 핸드폰에 있는 사진을 보여줬는데, 징그럽다거나 놀라거나 하지는 않았다. 그러면서 생각해 봤다.

'이런 일을 재밌게 하지는 않겠지?'

그러다 문득 요리가 어울릴 거라는 생각이 들었다.

"아, 둘은 요리 일 하면 되겠다!"

맞는 말일까? 둘은 대답하지는 않았지만, 얼굴에는 환한 빛이 돌았다.

"요리는 좋아하는데, 설거지는 싫어하는 거 아냐?"

"맞아요. 설거지는 광구 샘이 해요."

"그러지. 나 설거지 잘해."

그러면서 나는 설거지에 대한 나의 개똥철학을 늘어놓았다.

"나는 뭐든 맛있고, 뭐든 멋있어 보여. 다른 사람처럼 맛과 멋에 대해 섬세하지 않아. 그래서 내가 요리를 하거나 뭘 꾸미면 사람들은 토를 많이 달아. 나는 다른 사람들이 하는 요리나 꾸밈을 다 좋아하는데 말이야."

그래서 나는 그런 거 안 하고 대신 뒤처리 그러니까 설거지를 한다는 게 나의 인생철학이다. 다투지 않고 맞춰주는 거다. 그렇다고 설거지가 별 볼 일 없는 하찮은 일은 아니다.

"식당도 그렇고 펜션이나 고급스럽다는 호텔도 청소가 기본이야."

설거지나 청소, 이것은 우리 생활의 기본이다. 영업이나 사업에서도 마찬가지다. 잘해야 하고, 잘하는 방법이 있다.

설거지를 끝내고 가려 하자 지희는 마시던 음료를 통에 담아주었다. 가려는 나를 잡지는 않았다. 미선이한테는 더 놀다 저녁 먹고 가라고 잡으면서 말이다. 미선이는 더 신나는 놀이가 뭐 없나 하는 표정이다. 이런 때는 '보드게임 같은 걸 해야 했나' 하는 생각이 들었다.

"눈도 올 거 같은데, 나가서 뛰어다녀."

나의 말에 미선이는 늘 그랬던 것처럼 빙그레 웃기만 했다.

지훈이랑 보낸 하루

지훈이랑 내가 가까이 가자, 개는 반갑게 꼬리를 친다.
"안 물어~."
지훈이는 내게 가르쳐 주듯이 말하며, 먼저 개를 쓰다듬어 준다. 전부터 아는 개라서 하는 말인지, 그냥 하는 말인지 알 수 없다. 개랑 헤어지면서 지훈이가 내게 묻는다.
"남자야 여자야?"
지훈이다운 질문이다.

차 수리점에서 기다리는데, 지훈이는 여경 사진을 내게 가리키며 엄지 척을 한다. 경찰, 특히 여경 사진에 지훈이는 흥미를 느낀다. 수갑을 차보지는 않았을 텐데, 수갑 얘기를 곧잘 한다.
'경찰한테 이른다!'
'파출소에 끌려간다!'
이런 협박성(?) 말을 자주 한다. 연속극 같은 데서 봐서 그

지훈이는 개를 좋아한다. '안 물어.' '착해.' 개와 관련해서
지훈이가 자주 하는 말이다.

런 것 같다. 그렇게 무서운 경찰 중에 예쁘기까지 한 여경이니,
지훈이한테는 가장 멋진 사람일 것이다.

강화읍성의 북문에 같이 갔는데, 지훈이는 관심이 없다. 성벽을 따라 좀 더 올라가면 북한도 보이고 경치가 볼만한데, 지훈이는 올라가는 건 더 싫어한다. 어슬렁거리다 아빠한테 전화하는 특기를 발휘한다.

어쩌다 튼 라디오에서 신나는 음악이 나오자, 지훈이는 소리를 최대로 키운다. 그리고 큰소리로 따라부른다. 그러면 기분이 좋은가 보다. 얼마 전에 어떤 화가 선배가 알려준 게 있다.

'확성기는 가끔 최대로 틀어주는 게 좋아.'

그 말을 들은 이후로 나는 지훈이가 라디오를 최대로 틀어 놓을 때마다 그냥 참는다. 그렇게 가끔 최대 크기로 음악을 듣는데, 묘한 감흥이 느껴진다.

지훈이를 집에 데려다줄 즈음, 나는 지훈이한테 호떡을 사 달라고 했다. 인심 좋은(?) 지훈이는 기분 좋게 호떡집으로 간다. 호떡이 구워지기를 기다리면서 흐뭇한 표정을 짓는다. 만 원짜리를 내고, 돈 통에서 내가 천 원짜리 여덟 장을 세어 지갑에 넣어줬다.

"한 장 냈는데, 이렇게 많이 돌려받네!"

지훈이는 아무 표정도 없고 반응도 없다.

'에이~, 농담도 안 통하네.'

2장
흑염소 없는 거, 보러 가요

도망간다는 건
흑염소 없는 거, 보러 가요
두껍아, 사람들은 왜 나를 귀찮게 하니'
소리 질러

도망간다는 건

'넘어진다는 건'

우연히 사본 독일 만화책이다. 부모 잃은 장애인이 장애인 시설에 찾아가는 과정과 그 공동체에서 사는 얘기다. 가장 눈에 띈 대목은 크고 준비가 잘 돼 있는 시설이었다. 옛날 영주의 성이었다고 한다.

'우리도 저런 땅 있으면 좋겠다.'

저절로 든 생각이고, 늘 하는 생각이기도 하다. 그렇지만 땅만 있다고 일이 되는 것도 아니다. 곧바로 '우리가 뭐 한 게 있다고 누가 그런 땅을 맡기겠나?' 하는 자책을 한다. 이건 나의 푸념이다. 책의 중요한 내용은 장애인 친구가 부모 없이 사회생활을 해나가는 과정을 그린 것인데, 주변 장애인 부모들의 소망이 바로 이런 것이다.

"내가 얘보다 더 늦게 죽었으면 좋겠어요."

이 얘기를 여러 번 들었다. 당신 죽으면 누가 장애인 자녀를 돌봐주겠느냐는 걱정이다. 믿을만한 시설이 없다는 것이다.

어쩌다 괜찮은 곳이 있기는 한데, 들어갈 때 드는 비용이 꽤 많다. 비용도 부담이지만, 장애인들만 많이 모아놓고 그들을 돌보는 시설이 옳은가에 대한 의문도 있다. 이에 비해 독일 만화책은 장애인들이 지역사회와 다양하게 섞이는 내용을 보여준다. 비용은 나와 있지 않다.

부모 잃은 장애인 청년이 장애인 공동체에서 겪은 일을 그린 독일 만화
(미카엘 로쓰 지음, 김신회 옮김, 『넘어진다는 건』, 한울림스페셜, 2019년)

제목에서 말하듯이, 넘어져 가면서 어찌어찌 적응하며 살아가는 과정을 얘기하고 있다. 실화를 바탕으로 한 동화다. 동화라고는 해도 비장애인이나 어른들이 봐도 좋은 책이다. 넘어진다는 건 실패를 뜻하는데, 세상을 살아가면서 누구나 실패를 각오해야 하고, 실제로 크고 작은 실패를 경험하며 산다. 실패 그 자체가 문제가 아니라, 실패한 이후에 어떻게 새로 일어서느냐가 더 중요하다.

도망가는 사람, 품어주는 사회

그 책을 재밌게 보고 사무실 책장에 잘 꽂아놨다. 어느 날 손님하고 얘기하다가 그 책을 보여주려고 찾았는데 없었다.
"새벽아, 여기에 있던 만화책 네가 가져갔냐?"
대답이 없다. 새벽이 부모한테 얘기해서 집에 있나 찾아보라고 했다. 집에도 없다고 했다.
'그럼 어디 갈 데가 없는데….'
다시 사려고 온라인 서점에서 찾았는데, 절판이었다. 중고책을 찾아봤는데, 5만 원이나 했다.
'그게 엄청 좋은 책이었구나.'
좋은 책, 귀한 책의 가치를 실감한 순간이었다. 그러자 다시 새벽이가 원망스러워졌다.
'이 녀석, 그 책을 어디다 처박아둔 거야!'

이런 원망이 솟구쳤다. 그런데 이상하다. 새벽이가 물건을 숨겨놓지는 않기 때문이다. 우리가 모르는 비밀 아지트가 있을 리도 없다.

'그럼 어디 간 거지?'

새벽이가 누명을 쓴 것일 수도 있다. 제대로 해명을 못 하니 정말 억울할 것이다. 그런데 한편으로는 이런 생각도 든다.

'새벽이는 누명 썼다는 걸 의식하지 못해. 그냥 상대가 조금 화난 표정을 지었다는 정도로 생각할 거야.'

그럼 뭐지? 누명 씌운 사람만 혼자 붉으락푸르락 한 건가? 여기까지 생각이 미치자 좀 허탈해지고 우스워졌다. 법륜스님이 얘기했다는, '내가 욕했을 때 상대가 반응하지 않으면, 그 욕은 거울에 반사되어 다시 나에게 온다'는 말이 떠올랐다. 새벽이 흉볼 일 아니고, 새벽이 탓할 일도 아니라고 생각했다. 그냥 책이 없어진 것에 집중했지만, 결국 못 찾았다.

내가 그 책을 계속 잊지 않고 있는 것은 책 내용 때문만은 아니다. 더 큰 이유는 그 책 제목을 생각하면서 '도망간다는 건'이란 제목의 책을 써볼 생각을 자주 했기 때문이다. 새벽이와 놀다가 화가 날 때마다 나는 그만두고 싶었다. 그건 피한다는 것이고, 도망가는 것이기도 했다. 잊을 만하면, 그 제목을 생각나게 하는 사건이 생기곤 했다.

그러기를 몇 년, 내 머릿속에 그 제목이 새겨졌다. 그러면서 사회적농업 활동을 하게 됐고, 도망간다는 건 새벽이를 사람들 속에 섞이게 하는 거라는 결론에 도달했다. 나는 새벽이로 부터 도망가고, 지역사회가 새벽이를 품어주는 것이다.

경찰 전화

"돼지감자 캐가라."

친구한테 온 전화다. 읍 근처 아파트 부지로 팔린 땅에 돼지감자를 많이 심어놨는데, 이제 그 땅을 이용할 수 없게 됐다는 것이었다. 나는 새벽이와 지훈이를 데리고 가서 감자 캐기 놀이를 하기로 했다.

사람들과 사귀는 걸 좋아하는 지훈이는 황대익 화가 부부를 만나자마자 다정하게 인사했다. 그러면서 내게 자랑하듯이 얘기한다.

"친구예요."

이럴 때마다 어김없이 드는 생각이 있다.

'다 친구래.'

사교성이 없는 새벽이는 처음에는 주변에 조금 있다가, 차에 있겠다고 하며 밭에서 떠났다. 주변에 집들도 없고 말짓 할 것도 없어서 신경 쓰지 않았다. 음악을 좋아하니까, 차에서 음악 들으며 있겠지 하고 생각했다. 그런데 두어 시간 캔 다음 가봤는데, 새벽이가 없다. 주변을 둘러봤지만, 갈 만한 데가 없다. 급한 마음에 새벽이 아빠한테 전화를 했다.

"어딘데?"

새벽이 아빠는 위치부터 물었다. 그러자 새벽이 아빠는 금방 답을 알려줬다.

"장애인복지관 갔을 거야."

새벽이가 장애인 복지관을 자주 다녔고, 밭에서 복지관까지 멀지 않으니 아마 거기 갔을 거라는 것이었다. 얼른 가봤다.

"새벽이 왔다 갔는데요…."

직원들이 새벽이를 잘 알기 때문이다. 직원들과 함께 복지관 주변을 찾아다녔다. 결국 못 찾았다. 그런데 새벽이가 돌아다니다 차가 있던 자리로 올 것 같았다. 사정을 설명하고 가보겠다고 하니, 복지관 직원은 내 전화번호를 물었다. 새벽이를 찾으면 연락하겠다는 거였다. 참 고마운 분이었다.

결국 새벽이는 차가 원래 있던 곳으로 왔다. 새벽이는 아주 낯선 곳이 아니면 길을 잃지 않는다. 그나마 다행이다. 이 정도 소동은 가끔 있는 일이라 크게 놀라지 않고 현장을 떠났다. 문제는 그다음 날에 터졌다.

"뚱뚱한 청년이 남의 차 문 열고 물건을 가져갔다고 신고가 들어왔습니다."

선원 파출소에서 온 전화다. 신고가 들어왔기 때문에 조사를 해야 하니 파출소로 오라는 것이었다. 근처에 작은 회사가 있었고, 회사 마당에 세워둔 차를 새벽이가 뒤진 것이다. 없어진 물건이야 흔한 플라스틱 물병 하나지만, 차 주인은 괘씸해서 씨씨티브이(CCTV)를 돌려보고 신고했다고 한다.

같이 파출소로 가는데, 지훈이는 계속 새벽이를 겁준다.

"경찰은 수갑 있어!"

새벽이는 아무 반응이 없다. 그 뜻을 잘 모르는 것 같다. 새벽이가 반응하지 않으니까 지훈이는 나한테 말하는 식으로 또 겁을 준다.

"경찰은 총 있어요!"

새벽이도 지훈이한테 많이 들은 얘기다. 역시 새벽이는 무표정이다. 반응이 없으니 겁도 통하지 않는다. 실제 파출소에서 경찰이 뭐라 해도 새벽이는 '뚱' 그 자체다. 경찰관은 장애인이라는 걸 확인하고 별 조사 없이 보내줬다. 지훈이 같았으면 꽤 긴장했을 거고, 그 효과가 어느 정도는 있었겠지만, 새벽이한테는 별 긴장이나 효과가 없었다. 그냥 전과(?) 기록만 남겼을 뿐이다.

"나중에 우리가 없으면, 그게 새벽이한테 안 좋은 영향을 미칠 거야."

새벽이 아빠는 나중에 부모가 죽고 가까이서 돌봐주는 사람이 없을 때 문제 될 수 있다고 얘기했다. 그런 사고를 친 전과(?)가 많으면 시설에 수용하는 명분이 될 거라는 것이었다. 그런데 새벽이는 이런 전과(?)를 계속 쌓는다.

전과 추가

농협에서 일을 보고 있는데, 모르는 전화가 왔다.
"새벽이 돌보는 분이죠?"
순간 또 무슨 말짓을 벌였나 하는 걱정이 들었다. 곧바로 경찰차가 농협 주차장으로 왔다. 새벽이도 이번에는 조금 긴장한 눈치다. 자기가 한 일이 문제였다는 것을 알고 있기 때문이다.
바로 전에 우리는 온수리 파출소 근처 대선정이라는 식당에서 점심을 먹었다. 나는 천천히 먹는데, 새벽이는 늘 빨리 먹는다. 나는 천천히 먹으라고 늘 말하지만, 새벽이는 건성으로 대답만 할 뿐이다. 빨리 먹는 새벽이는 수저를 놓고 밖으로 나간다. 그러면 새벽이는 적당히 돌아다니다가 내가 다 먹었을 때쯤 다시 식당으로 온다. 그날도 그렇게 식당을 떠났는데, 그날은 특별한 행동을 한 거였다.
"덩치 큰 녀석이 불쑥 들어오더니, 다짜고짜 화장실 어디냐고 하는 거예요!"
미용실 사장이 화가 잔뜩 나서 말했다. 나가라고 해도 힘으로 자기를 밀어붙였다는 것이었다. 황당한 일이었다. 낯선 사람한테 이렇게 힘으로 밀어붙이는 일은 거의 없는 일이다. 화장실은 밥 먹던 식당에도 있고, 거기는 여러 번 가봐서 새벽이도 잘 이용한다. 그런데 왜 그랬을까? 아직도 풀리지 않는 의문이다.
나는 계속 미안하다고만 했다. 경찰관도 새벽이 상태를 잘 안다. 피해자만 누그러지면 그냥 훈방으로 끝낼 눈치다. 결국 다음날 새벽이 엄마가 선물을 사들고 미용실을 찾아가 공손하게 사과했다. 또 전과 추가다.

둘러대지 않는 아이

일산에서 장애인 가족들 모임 할 때도 사고가 났다. 구청 회의실에서 모임을 끝내고 근처 식당에서 식사를 하는데, 갑자기 큰소리가 나고 새벽이 엄마랑 아빠랑 식당 밖으로 급히 나갔다. 어른들이 여럿 나갔으니 나는 하던 모임을 계속했고, 나중에 돌아오면서 사정을 들었다.
"그 아빠 엄청 깐깐하대."
새벽이 아빠는 이렇게 자기 심정을 표현했다. 새벽이는 옆에서 아무 일 없었다는 듯이 조수석 의자를 최대한 뒤로 밀치고 음악을 들었다.
'으이그, 부모만 힘들다니까.'
피해자는 잘생긴 남자 중학생이다. 새벽이가 화장실로 따라들어가 소변 보는 학생의 고추를 봤다. 덩치 큰 낯선 남자가 그러니, 같은 남자라고는 하지만 어린 학생은 깜짝 놀랐고, 그 아빠가 뛰어나와 새벽이를 먼저 혼냈다. 다른 사람의 비명소리만 듣고도 새벽이 부모는 사태를 직감했고, 뛰어나간 것이었다.

이런 일은 심심찮게 일어난다. 보통은 상대방이 피하고 얼른 지나가 버리니까 별문제가 안 되는데, 가끔 대찬 피해자나 부모를 만나면 새벽이 부모나 내가 곤욕을 치른다.

보통은 새벽이도 그런 행동이 잘못인지를 안다. 그러나 하고 싶은 충동을 못 이길 때가 있다. 그렇기는 해도 옆에서 혼내면 하던 짓을 멈춘다. 그런데 혼내도 막무가내일 때가 있다. 이럴 때가 참 대책 없는 때다. 강화읍 행복센터에서 벌어진 일이 그런 예다.

주차장에서 만난 새벽이가 방금 전에 없던 화장지를 손에 들고 있었다.

"그거 뭐야! 어디서 갖고 왔어?"

내가 다그쳤는데, 대답은 하지 않고 알 수 없는 미소를 지으며 슬금슬금 뒤로 내빼기만 했다. 이때 새벽이 동생이 우리한테 왔다. 동생은 나보다 더 단호하게 새벽이를 다그쳤다.

"어디서 났어. 빨리 갖다 놓고 와!"

그제야 새벽이는 조금 떨어져 있는 어떤 차 문을 열고 화장지를 두고 문을 닫았다. 차에서는 경보소리가 계속 울리고 있었다. 건물 앞에서는 몇몇 사람들이 우리 쪽을 바라보고 있었고, 한 분이 우리 쪽으로 걸어왔다. 차 주인에게 새벽이 동생이 상황 설명을 했는데, 차 주인은 대수롭지 않게 받아넘겼다.

"여기 강의하러 왔는데, 뒷문을 안 잠갔나 보네요."

보통 새벽이는 사람들이 없을 때 차 문을 열어본다. 어쩌다 문이 열려 있으면 열어보고 이것저것 뒤져 한두 개 가져온다. 별거 아닌, 화장지나 생수 또는 라이타 같은 것들이다. 정신 나이 다섯 살 새벽이한테는 이런 것들이 작고 예뻐서 갖고 싶은 것들이다. 그런데 지금 상황은 보통 때와 다르다. 나와 동생이 자기 행동을 보고 야단을 친다. 차 주인도 그걸 알았다. 구경꾼도 여럿 있다.

'아이고, 이거 큰일 났네. 혼나겠는 걸.'

겁먹은 개가 짖는 것처럼, 새벽이는 겁먹고 오히려 이상한 행동을 한다. 보통 말리면 안 하는데, 지금은 더 세게 나간다.

'이건 뭐지? 공격이 최선의 방어라고 생각하나?'

새벽이는 동생이 말리고 차 주인과 내가 옆에서 지켜보는데도 차 뒷문을 자꾸 열었다. 그것도 큰소리로 비명을 지르면서 말이다. 차 주인은 이해를 하면서도 질린 표정이다. 얼른 차를 몰고 떠나버렸다. 자리를 빨리 뜨는 게 낫겠다고 생각한 것이다.

이럴 때 새벽이를 보면 장애인 시설에서 폭력사태가 났다는 얘기가 떠오른다. 장애인 시설의 관리자 입장에서는 군기(?)를 잡아야 할 것이다. 고분고분 듣다가도 어떤 상황에서 덤비는 친구들이 있을 것이다. 말로 안 통하고, 여유 있게 기다릴 여건도 안 될 때, 누구든 힘으로 제압할 충동이 생길 것이다. 새벽이 부모도 가장 걱정하는 게 이런 것이다. 혹시 자신들이 죽은 이후에 새벽이가 어쩔 수 없이 집단 시설에 들어가서 폭행당하고 따돌림받으며 살게 되지는 않을까 하는 걱정이다.

돌봄지원사인 나는 그런 얘기를 들으면 안타깝다. 그렇지만 그건 이성의 판단이다. 몸으로는 실감 나지 않는다. 나는 다만 내가 돌보는 시간에 힘들지 않기만을 바랄 뿐이다. 새벽이가 말을 안 들을 때, 나는 큰소리치거나 힘으로 제압하고 싶지 않다. 성격상 그러고 싶지도 않지만, 회의감도 들곤 한다.

'내가 이렇게까지 해야 하나…'

이런 마음이 들고 많이 힘들 때 나는 새벽이를 협박한다.

"새벽이 이렇게 하면 아저씨 같이 안 놀 거야!"

새벽이도 눈치는 있다. 내가 낮은 목소리로 혼내면 듣는 시늉은 한다. 그러면 뭐 하나? 언제 그랬느냐는 듯이 또 똑같은 말짓을 할 건데 말이다. 이런 새벽이를 볼 때마다 나는 초등학교 때 친구들이 샘한테 혼나면서 늘 하던 말과 장면이 떠오른다.

"손바닥 벌려!"

"잘못했어요."

여기까지도 뻔한 장면인데, 어린 나는 그다음 장면이 더 이해되지 않았고 그래서 계속 그 장면이 떠오른다.

"한 번만 봐주세요."

여기서 '한 번'은 숫자 '1'이 아니다. 그런데 그 시절 나는 그걸 숫자로 이해했다.

'다음에 또 그럴 건데, 그럼 그때는 '한 번만 더'라고 할 건가?'

이런 생각을 하곤 했다. 그런데 그때 '한 번만'은 영어로 치면 '플리이즈(please)'라고 봐야 하는데 말이다. 그리고 친구들이 맞지 않으려고 손을 빼고, 샘은 손 뺀다고 또 나무라는 그런 쳇바퀴 도는 식의 체벌이 이해되지 않았다.

'죽는 것도 아니고, 아픈 거 좀 참으면 되지, 뭐 그리 야단을 떠나…'

친구들이 맞는 장면을 볼 때마다 이런 생각을 했다. 실제로 나는 맞을 때 봐달라거나 손을 빼지 않았다. 선생이 그만 때릴 때까지 이를 악물고 참기만 했다. 그런 내 모습을 보고 선생들은 더 화가 나거나 질렸을 수도 있었을 것이다. '공부 좀 잘한다고, 반항하는 건가?' 하는 생각을 했을 수도 있다.

선생이 오해해서, 엄청 많이 맞은 적도 여러 번 있었다. 보통 친구들은 호들갑(?)을 떨면서 사정 얘기를 하곤 했는데, 나는 그런 모습도 좋아 보이지 않았다. '물어보는 말에 대답하면 되지, 뭐 그리 비굴하게(?) 그러나' 하는 생각을 했다. 오해한 선생은 꿋꿋하게 맞기만 하는 내가 자신을 비웃는다고 봤을 수도 있다. 체격도 쪼그만 내가 봐달라고도 하지 않고, 아프다고 피하지도 않으면서 꿋꿋하게 버티기만 하니 말이다. 학생운동을 하다 감옥에 갔을 때, 학교에서 맞았던 그런 장면들이 꿈에 나타나곤 했다. 겁쟁이 갱구, 대들지도 못하고, 제대로 설명도 못하고, 그저 맞기만 했다.

새벽이도 겁이 많다. 대여섯 살 어린애 정신연령이니 이것저것 능숙하게 하는 다른 사람들 앞에서 겁먹을 만하다. 나는 그런 새벽이가 혹시 나중에 제 정신이 돌아와서 전에 자기를 업신여겼던 사람들한테 왜 그랬느냐고 따지는 건 아닌가 하는 환상을 느낄 때가 있다. 그럴 때마다 나는 스스로 마음을 다잡는다.

'괜히 윽박지르지 말자.'

나중에 새벽이가 나처럼 억울함을 호소하지 않게 해야겠다고 다짐하곤 한다. 옛날 선비들의 수행지침 가운데 하나가 신독(愼獨)이라고 한다. 혼자 있어도, 다시 말해 남이 바라보지 않아도, 처신을 올바르게 한다는 뜻이다. 그래서 나는 스스로 늘 되돌아본다.

'그래, 새벽이가 꼬마라고 해서, 못 알아듣는다고 해서, 막 대하지 말자.'

그런데 때리면서 먼저 이유를 꼭 묻는 선생이 한 분 있었다. 그 선생은 늘 숙제를 냈고, 숙제 검사도 반드시 했다. 그럴 때마다 안 한 학생들의 손바닥을 때렸다. 친구들은 대부분 이런

저런 이유를 댔다. 집에 일이 있었다거나 까먹었다는 식이었다. 나는 그런 뻔한 핑계가 싫었다. 몇 대 맞으면 되지 그런 변명을 하고 싶지 않았다.

"게을러서 못했습니다."

나의 대답에 샘은 이렇게 말했다.

"솔직하니까 한 대만 맞아."

새벽이도 비슷하다. 둘러대거나 거짓말 하지 않는다.

'갱구 닮은 새벽이, 꿀밤 한 대!'

힘든 건 엄마

새벽이 질문과 대답은 늘 뻔하다. 생각의 끈이 계속 이어지지 않아서일 거다. 새벽이 아빠는 다섯 살 정도 지능이라고 말한다. 그런데 최근 몇 년 동안 여럿이 같이 잘 놀아주고 해서 한 살 정도 지능이 나아진 것 같다고 한다. 정확한 건 아닐 거고, 느낌일 것이다.

그런 새벽이지만 눈치는 조금 있다. 내가 화가 많이 났다는 것 정도는 눈치챈다. 그리고 그게 자기 잘못 때문이라는 것도 안다. 내가 "그럼 아저씨 새벽이하고 안 논다"하고 엄포를 놓으면 잠깐 움찔한다. 가끔은 "놀면 좋겠어"라고 응답하기도 한다. 그렇게 엄포가 약발이 조금 있기는 하지만, 내 몸과 마음이 힘들 때 나는 도망간다. 큰소리치거나 화내기 싫고, 그냥 떠나고 싶어지는 것이다. 어릴 때 많이 하던 그 말, '36계!' 처럼 말이다. 뒤에 한 마디 더 붙이기도 했었다.
'36계 줄행랑!'
그렇게 나는 몇 번 도망갔다. 며칠 후 나는 새 기분으로 새벽이를 만난다. 징계(?) 후 만난 새벽이도 얌전하다. 놀던 갱구를 안 만나서 심심했을 테니 말이다.
그런데, 나야 이렇게 도망간다지만, 부모는 어떻게 하지? 도망가지 못하는 엄마 아빠는 어떻게 견디지? 이런 생각이 미치면 떠오르는 장면이 있다. 오래전에 봤던 영화 '말아톤'에서 엄마는 너무 힘들고 지쳐 전철에서 아들의 손을 놓친다. 정신을 차려 아들을 찾는데, 플랫폼 한쪽에서 사람들이 웅성웅성한다. 아들이 젊은 여성의 엉덩이를 만졌다가 혼나는 장면이다.
"우리 아이한테는 장애가 있어요!"
엄마의 비명을 듣고 사태는 진정된다. 나중에 아들은 오히려 엄마한테 따진다.
"엄마가 내 손 놨지, 놨지!?"
아들은 엄마가 자기 손을 일부러 놨다고 확신한다. 아들은 그 말을 계속 반복한다. 아들의 그 외침과 엄마의 괴로움이 마구 뒤섞인다. 그 장면을 보는 내 눈에서 참을 수 없는 눈물이 마구 흘렀다. 깜깜한 영화관이라 편히 울 수 있었다. 알고 지내던 새벽이네가 생각났기 때문이었다.

'새벽이가 힘든 게 아니라, 엄마가 힘든 거지.'

영화에 나오는 장애인 아들은 마라톤을 열심히 했다. 엄마는 그게 아들이 행복해지는 지름길이라고 믿었다. 행복 너머 성공까지 바라봤다. 코치의 눈에 엄마의 욕심(?)이 느껴질 정도였다. 새벽이는 악기를 열심히 배웠다. 악기를 배울 때와 사회적농업 행사로 이곳저곳에서 연주를 할 때, 새벽이는 가장 편한 모습이고 행복해 보인다.

그런데 마라톤을 할 수도 없고, 악기도 배울 수도 없는 친구들은 뭘 하지?

그런 자녀를 돌봐야 하는 부모는 또 어떻게 견딜까?

죽기 전에는 멈출 수 없는 그 고통을….

"흑염소 없는 거, 보러 가요!"

지렁이농장에서 나오자마자 새벽이가 다급하게 요청한다. 순간 여러 가지 생각이 오갔다. 바깥일은 끝났지만, 사무실 가서 처리해야 할 일이 몇 가지 더 남았기 때문이다. 그렇지만 나도 모르게 인심을 쓴다.

"그래 보러 가자."

차가 작은 다리를 건너고 벼가 익어가는 들판을 지나는 동안, 새벽이가 즐겨 듣는 KBS FM 라디오에서는 아일랜드 음악이 잔잔하게 흘러나온다. 멀리 마리산과 진강산 사이 작은 산의 어깨 즈음에는 붉은 태양이 걸려 있고, 주변 하늘이 붉게 물들어가고 있다. 새벽이는 흐뭇한 표정이다.

"흑염소들이 어디 갔지?"

"풍물시장에 돈 받고 팔았어요."

"왜 팔았어?"

"맛있는 거 사먹으려고."

"맛있는 거 뭐?"

흑염소가 없어진 뒤에도 계속 흑염소 농장에 가는 새벽이.
그만큼 새벽이는 흑염소 구경을 좋아한다.

"두부찌개"

늘 자동으로 나오는 이런 대화를 하는 동안 나는 차를 돌려 되돌아간다. 그러면서 역시 또 늘 하는 대화를 한다.

"불쌍한 흑염소들…."

"…."

"우리도 흑염소 키울까?"

새벽이는 큰소리로 대답한다.

"예"

나는 다른 질문은 판박이처럼 하지만, 마지막 질문은 잘 안 한다. 괜히 기대감만 높이는 건 아닌가 하는 생각이 들어서다.

약속을 다그치지 않는 아이

　장화리에 사회적농장을 만들면서 닭장, 개장, 연못, 텃밭 등을 만들었다. 처음 생각에는 흑염소도 키울 생각에 염소 축사도 만들었다. 그런데 새끼를 구하기가 쉽지 않았다. 오랫동안 여기저기 수소문한 끝에 김포에서 새끼를 사온다는 분을 만났다. 한 쌍에 60만 원이라고 했다. 적지 않은 돈이라 아직도 사지 못하고 있다.
　마지막 질문을 할 때마다 나는 갈등한다.
　'눈 딱 감고 사버려?'
　내 개인 돈으로 사서 집에서 키우고, 새벽이나 다른 장애인 친구들이 놀러와서 보거나 돌보게 할 생각이다. 그러나 한편으로 차가운 이성이 내 뒤통수를 잡아끈다.
　'아니지. 돈도 돈이지만, 관리를 어떻게 할 거야?'
　축사에 가둬놔도 날마다 사료를 주고 보살펴야 할 것이고, 밖에서 풀을 뜯게 하려면 더 신경을 써야 한다. 지금 하는 일도 너무 벅찬데, 일을 더 벌이는 건 위험하다.
　가끔 흑염소 생각을 할 때마다 새벽이의 태도가 궁금하다. 나와 아빠가 가끔 흑염소를 사줄 것처럼 얘기했는데도, 왜 안 사주냐고 보채지 않는다. 다른 아이들이나 어릴 적 '나'라면 분명 사달라고 들볶았을 텐데 말이다.
　'착해서 그런가?'

그건 아닌 것 같다.

'약속한 걸 까먹었나?'

약속을 까먹은 것 같지는 않다. 다만, 그 대화가 약속인지 아닌지를 구분하지 못할 수는 있다. 그냥 그때그때의 대화일 뿐이지, 그 말을 지켜야 하는 것(약속)이라고는 생각하지 않는 것 같다.

어쩌면, 약속을 지키라는 말을 표현하지 못하는 것인지도 모른다. 새벽이는 전에 한 말(약속)을 들먹이면서(증거로 제시하면서), 약속을 지키라고 다그칠 정도로 말을 잘하지는 못한다. 내가 전화할 때 핸드폰으로 녹음하고, 엄마 아빠가 다투는 걸 녹음은 하지만, 그걸 자기의 주장으로 써먹지 못한다. 이걸 생각하면 새벽이는 내 말을 기억은 하지만, 그걸 근거로 논리적으로 주장하지는 못하는 것 같다. 그러나 날마다 흑염소 보러 가자는 그 말이 새벽이의 의사표시 또는 항의가 아닌가 싶다.

"흑염소 없는 거, 보러 가요!"

새벽이는 공장에서 놀다가 가끔 혼자 공장 주변을 돌아다니곤 한다. 자폐성 발달장애인인 새벽이는 남과 어울리는 건 잘 안(못) 한다. 혼자 그림을 그리거나, 컴퓨터로 음악을 듣곤 한다. 혼자 걷거나 자전거로 주변을 돌아다니는 것도 새벽이의 특성 중 하나다. 공간지각 능력이 뛰어난 새벽이는 멀리 다녀도 거의 길을 잃어버리지 않는다.

그렇게 돌아다니다 새벽이가 발견한 게 흑염소 축사였다. 들판 너머라 공장에서 눈에 뜨이지만, 거리로 치면 1.5km가 넘는 곳이다. 어떤 집에서 길가에 울타리를 치고 흑염소 다섯 마리를 키우고 있었다. 한쪽에는 비닐하우스로 비 맞지 않는 축사를 해주고, 나머지 공간은 그냥 개방된 놀이터다.

심심할 때마다 드라이브를 할 때면 새벽이는 늘 흑염소를 보러 가자고 했다. 그런데 어느 날 흑염소들이 다 없어졌다. 그 이후에도 몇 번을 더 갔다. 갈 때마다 흑염소는 보이지 않았다. 그렇지만 새벽이는 계속 흑염소를 보러 가자고 했다. 처음에 나는 설득했다.

"새벽아, 흑염소 이제 하나도 없어."

그러나 막무가내다. 그러기를 몇 번, 나는 짜증을 냈다.

"흑염소 없다니까!"

설명해도 안 되고, 짜증 내도 안 되고, 화내도 안 통한다. 이런 생각도 들었다.

'이 녀석이 나를 놀리나?'

그래서 이렇게 물어보았다.

"이렇게 힘들게 해서 아저씨 병나면 좋겠어?"

그러면 녀석은 힘없이 대답한다.

"안 좋겠어."

"아저씨 힘들어서 죽으면 새벽이 누구랑 놀아?"

이럴 때는 이렇게 대답한다.

"안 죽겠어."
죽지 말라는 얘기다.

흑염소가 사라진 이유

그날도 새벽이는 흑염소 보러 가자고 했다. 나는 설득하듯이 같은 말을 되풀이했다.
"새벽아, 흑염소 이제 없다니까~."
그런데 이번에는 새벽이가 다른 제안을 한다.
"흑염소 없는 거, 보러 가요."
순간 정신이 퍼뜩 들었다.
'어라! 없는 걸 어떻게 보지?'
헤어진 연인을 생각하며 사귀던 옛 장소를 찾는다는 말도 있다. 혹시 새벽이도 그런 걸까? 흑염소들이 놀던 장면을 잊지 못해 그 장소를 계속 가보고 싶은 건가?
그 후로 새벽이는 '흑염소 없는 거, 보러 가자'고 한다. 특별히 바쁘지 않으면 나는 그렇게 해준다. 그리고 물어본다.
"흑염소들이 어디 갔지?"
대답을 못 한다. 그래서 객관식으로 물어본다.
"1번, 도망갔다. 2번, 죽었다. 3번, 주인이 팔았다."
새벽이가 큰소리로 재빨리 대답한다.
"3번!"

나는 3번에 어울리는 다음 질문을 한다.

"왜 팔았을까요?"

역시 대답이 없다. 다시 객관식으로 물어본다.

"1번, 말을 안 들어서. 2번, 미워서. 3번, 돈이 필요해서."

순간 떠오르는 생각을 말하는 거지만, 나와 새벽이 관계에서 생각나는 질문이기도 하다. 새벽이가 말을 안 들을 때도 많고, 그래서 미울 때도 많다. 새벽이도 이런 나의 마음을 모르지 않을 것이다. 그래서 1번과 2번은 아니라고 생각한 건지, 아니면 정말 '돈이 필요한 것'을 알고 하는 건지는 모르겠으나, 새벽이는 '3번!'하고 씩씩하게 대답한다. 이어서 물어본다.

"어디다 팔았을까요?"

역시 대답이 없다.

"1번, 하나로마트. 2번, 풍물시장. 3번,"

3번을 채 말하기 전에 새벽이가 또 큰소리로 자신있게 대답한다.

"2번!"

웃긴다. 왜 팔았다고 생각하는 거고, 풍물시장에 팔았다고 하는 건 또 뭘까? 재밌다. 그래서 또 다음 질문을 해본다.

"흑염소 판 돈으로 뭐 했을까요? 1번, 맛있는 거 사먹었다. 2번, …"

2번 지문을 말하기도 전에 새벽이는 자신있게 대답한다.

"1번!"

크크, 녀석 맛있는 거 먹는 게 가장 하고 싶은 일이다.

이런 과정을 참 많이 반복했다. 이제 새벽이는 과정을 압축

백혜옥 화가가 그려준 흑염소가 나오는 그림을 활용해
허용철 화가가 만든 행사 안내지. 제목은 새벽이가 썼다.

해 대답한다.

"흑염소들 어디 갔지?"

"풍물시장에 팔았어요."

"왜 팔았지?"

"맛있는 거 사먹으려고."

흑염소 그림에 얽힌 사연

새벽이랑 다니다 보면 힘들 때도 많다. 어른들 말을 고분고분 잘 듣지 않는 새벽이다. 가끔은 안쓰럽기도 하다. '얘는 뭔 재미로 살지?' 하는 의문이 들곤 한다. 어떨 때는 우스울 때도 있다. 비장애인들과 생각과 행동이 너무 다르기 때문이다.

이런 일들과 생각을 글로 써보고 싶었다. 그렇지만 늘 시간에 쫓기고 뚜렷한 목표가 없으니 써지지 않았다. 그러다 추석을 앞두고 하루 저녁 짬이 나서 책상에 앉았다. 그즈음 새벽이가 주로 하던 행동을 소재로 단숨에 글을 썼다. 그리고 다음 날 대전에 갔다가 화가인 형수한테 글을 보여드렸다.

"여기에 맞는 그림을 그려줄게요."

"그래요?"

화가라고는 하지만 글을 보자마자 어떤 그림을 그릴지 떠오른다는 것이 신기했다. 그리고 잊었는데, 며칠 후 정말 그림이 왔다. 사실화가 아니라 추상화였는데, 논 같은 걸 표현한 게 있고 흑염소가 주인공으로 등장했다.

그림에 소질이 없는 나는 '색감이 예쁘네'라고 생각했다. 그런데 주변 사람들이 좋은 그림이라고 했다. 특히 화가들도 좋다고 했다. 마침 장애인과 지역주민들이 함께 하는 문화제를 준비하고 있었는데, 그 그림을 소재로 홍보지를 만들기로 했다. 화가 선배한테 부탁했는데, 그림을 있는 그대로 두지 않고 그림 좌우로 그림의 부분 조각을 배치했다. 나는 한참 후에 이해했는데, 그건 흑염소가 없어진 것을 표현한 것이라고 했다.

문화제 이름도 '흑염소 없는 거, 보러 가요'라고 정했다. 디자인을 해준 선배는 제목을 새벽이가 직접 쓴 거로 하자고 했다. 어차피 장애인이 주인공인 행사니, 글과 그림 그리고 홍보물 모두 장애인 티가 물씬 나게 하는 게 좋다는 의도였다.

홍보물을 본 어떤 공예작가가 말했다.

"흑염소 없는 거, 보러 간다, 알듯 말듯 하네. 흑염소 보러 가자는 말보다 느낌이 더 와닿네."

없어진 흑염소를 보러 가고, 다시 나타난 사연

서른 즈음에 서울 구로에서 알고 지내던 약사 후배들이 강화에 놀러 왔다. 선배 약사의 아들이 장애인 공동체인 큰나무 캠프힐에 살고 있는 걸 보러오는 길에 우리를 만났다. 새벽이랑 같이 만나 점심을 먹고, 온수리 성공회 교회 구경을 하고, 새벽이랑 같이 커피 찌꺼기 수거를 하는 봉당카페도 들렀다. '우리마을'에 들러 구경도 하고, 김성수 주교님과 함께 사진도 찍었다.

며칠 후에 전화가 왔다.

"선배, 조금이지만 정기 후원할게요."

'어? 후원한다고!'

문득 나는 놀랐다. 지난 몇 년 동안 우리가 파는 농산물을 후원하는 마음으로 사준 분들은 많았지만, 정식 후원하는 사람은 없었다. 그리고 나는 우리가 후원을 받을 만큼 일을 잘 하고 있다고 생각하지 않았다.

내가 머뭇거리는 사이, 후배는 다시 제안했다.

"흑염소 살 돈을 보낼게요. 한 번에 보낼 돈은 없고, 10만 원씩 여섯 번 보낼게요."

후배는 내가 준 문화제 홍보지를 차분히 읽고 그 생각을 했다고 한다. 시간이 지나도, 그때 일을 생각할 때면 가슴이 따뜻해진다.

'새벽이의 간절한 맘을 이해해 주는 사람이 있구나.'

오늘도 나와 새벽이는 흑염소 없는 걸 보고 왔다. 그렇게 또 하루가 갔다. 내일도 흑염소 없는 걸 보러 갈지도 모른다.

있던 흑염소가 없어지고, 없는 흑염소를 보러 가는, 그런 날들이 쌓여 없던 흑염소가 나타나게 된 걸까?

두껍아, 사람들은 왜 나를 귀찮게 하니?

"미선이는 왜 병원 갔어?"

늘 그렇듯이 새벽이는 느닷없이 질문을 던진다.

"밥 못 먹어서 그런 거야."

"미선이는 왜 병원 갔어!"

내 대답이 만족스럽지 못하다는 듯이 새벽이는 더 큰소리로 묻는다.

"밥 못 먹고 잠도 못 자서 그랬어."

두 가지 원인을 대서 그랬을까, 이제 다음 단계로 넘어간다.

"병원 가서 뭐 했어?"

"영양주사 맞고 누워있었지."

새벽이는 몰라서 묻는 게 아니다. 자기 말을 하고 싶은 것이다. 잠시 새벽이가 다음 질문을 하려는 순간, 내가 더 빨리 새벽이의 아픈 구석을 찔렀다.

"새벽이는 겁 많아서 주사 못 맞지!"

예상대로 새벽이는 멈칫한다. 그러나 그것도 잠시, 또 똑같은 질문을 해댄다.

"미선이는 왜 병원 갔어!"

확실히 이건 질문이 아니다. 나의 대답에 상관없이 자기 말을 계속 내던지는 외침이요, 주장이다. 같이 지내던 누군가가 병원을 갔다는 건 특별한 일이었을 것이고, 자신은 그토록 무서워하는 주사를 그가 맞았다는 것 역시 놀라운 일이었을 것이다. 그때 일을 다시 떠올려 본 것이다.

잠 못 이루는 밤

첫날 밤에 미선이는 열이 나고 아프다고 했다. 해열제를 먹였다. 나는 다른 친구와 함께 장도 볼 겸 평소 먹던 약을 가지러 미선이네 집으로 갔다. 그 사이 미선이는 열이 더 심해졌다. 숙소에 있던 촬영 샘이 미선이를 데리고 읍내 병원으로 가고, 나도 그 병원으로 향했다. 다행히 의사는 열이 심하지 않다며 그냥 가서 지켜보라고 했다.

그러는 사이 숙소에서 영재 샘으로부터 전화가 왔다. 다른 일을 마치고 숙소에 들렀는데, 원종이가 놀라서 혼비백산한 상태였다는 것이다. 지훈이랑 둘만 있는 상태에서, 원종이가 씻고 나왔더니 지훈이가 없어졌다는 것이다.

"형이 씻고 올 동안 여기 가만히 있어."

이렇게 단단히 일러뒀는데 없어졌으니, 책임감 강한 원종이가 깜짝 놀란 거였다. 얼른 지훈이 아버님께 전화해서 경찰에 위치추적을 요청해 달라고 했다.

첫날부터 난리다. 다행히 지훈이는 멀리 가지 않아서, 영재 샘이 찾았다. 어두운 밤길에 넘어져 상처만 조금 났을 뿐이었다. 미선이 상태도 더 나빠지지 않았다.

첫날 밤은 그렇게 끝나지 않았다. 새벽이는 나랑 같이 잘 잠들었는데, 지훈이는 새벽 1시 넘어까지 잠을 자지 않아 여러 사람이 고생했다. 재우는 영재 샘도 힘들고, 억지로 자야 하는 지훈이도 고생했다. 이 모든 과정을 지켜봐야 하는 미선이는 누구보다 힘들었을 것이다.

그 후에도 크고 작은 말썽이 많았다. 결정적으로 미선이를 힘들게 했던 건 식구들 간의 갈등이었다. 자기 뜻을 잘 말하지

용인장애인인권영화제에서 무대에 나가 수상소감을 말하는 미선이. 미선이는 말수가 적은데, 영화를 만들고 공연을 하면서 말하는 게 자연스러워졌다.

않는 미선이는 이런 갈등을 힘들어 한다. '1주일 살이'를 시작하기 전부터 몸이 안 좋았던 미선이, 처음 해보는 다른 사람들과의 합숙, 거기에 이런저런 말썽과 갈등까지 겹치면서 미선이는 거의 밥을 먹지 못했다. 죽만 조금 먹었다.

더 문제는 잠을 못 잔 것이었다. 집에서도 이런저런 생각이 많아 잠을 잘 자지 못하는데, 합숙에 말썽과 갈등까지 겹치면서 잠이 통 오지 않는 것이었다. 결국 못 견디고 병원에 가야만 했다.

남궁의원에서는 섬세한 미선이를 고려해 여자 의사가 진료를 했다. 몸 상태를 자세히 물어보고, 이것저것 검사를 했다. 큰 문제는 없고, 영양주사를 맞는 거로 결론이 났다. 몇 시간 후 미선이는 조금 기운을 차려 다시 숙소로 왔다.

"의사 샘이 자세히 설명해줘서 좋았어요. 전에 **병원에서는 말도 안 해주고 믿음이 안 갔는데…."

말보다 글이 편한 친구

'1주일 살이'는 그럭저럭 잘 끝났고, 영화도 잘 마무리됐다. 여러 사람이 찍은 수많은 영상을 미선이는 감독한테 배운 대로 잘 정리했다. 다른 사람들과 함께하는 악기 연습도 빠지지 않았다. 교육청이 주선하는, 장애인식 교육용 연주회도 열심히 참여했다. 영화, 그림, 연주 등을 하는 '지역민과 장애인이

악기를 집에서 혼자 시작한 미선이는 음악모임에 3년째 참여하면서 실력이 많이 늘었고, 연주도 많이 해봤다. 연습실에서는 지휘자 샘이 개인지도도 해준다.

'함께하는 문화제' 행사를 위해 과자를 만들자는 제안을 하자 선뜻 하겠다고 했다.

지희랑 둘이 아침 9시부터 작업을 했는데, 내가 저녁 7시 넘어 갔을 때도 작업이 끝나지 않은 상태였다. 전혀 피곤한 기색이 없었다. 그리고도 2시간 넘게 청소와 포장작업을 했다.

저녁 먹을 시간을 훌쩍 넘긴 건 둘째 치고, 문 연 식당이 어딘지를 찾아야 했다. 미선이와 지희는 강화읍 식당을 다 꿰찬 듯 말했다.

"지금 시간에 문 연 데는 몇 개 있어요. 광구 샘, 뭐 먹을래요?"

한 군데 갔다가 재료가 다 떨어졌다고 해서 경찰서 근처 족

발집으로 갔다. 많이 와본 듯 둘은 메뉴를 다 알고 있고, 주인도 이 친구들을 알아봤다.

"자주 오고 시켜 먹을 때도 많아요."

술도 없이 나는 늦은 밤에 미선이 지희와 함께 이런저런 얘기를 나누며 족발과 주먹밥을 먹었다. 영화수업 시간에 거의 말을 하지 않던 미선이는 이렇게 셋이 만나니까 그럭저럭 대화를 한다. 특히 문화제 행사 안내지를 보고 기뻐했다.

"내 이름이 두 번이나 나왔네?"

그런 미선이를 보며 이런 생각이 들었다.

'왜 수업시간에는 말이 없지?'

미선이를 볼 때마다 늘 의문이었다. 한편으로는 내 어릴 적 생각도 났다. 나는 수업시간에 거의 질문하지 않았다. 발표도 힘들었다. 더 우스운 건 큰형이 대전에서 제일 큰 문구점에 데리고 가서 물건을 사줄 때였다. 그렇게 큰 문구점에 가본 적도 없었고, 비싼 물건을 산다는 건 꿈도 꾸지 못한 일이었다. 뭘 사야 할지도 모르겠고 엄두도 나지 않는데, 큰형은 자꾸 뭘 사겠느냐며 물었다. 나는 주저하다가 아주 쪼그만 소리로 뭐라 말했는데, 큰형은 못 알아들어서 내 입에 귀를 가까이 대고 들었다. 그 기억이 지금도 또렷하다.

그런 미선이를 위해 감독은 수업시간에 미선이가 말할 기회를 여러 번 주곤 한다. 물었다가 대답을 안 하면 다른 사람에게 질문을 돌리고 다시 미선이에게 묻고는 한다. 그래도 안 하면 말을 돌리며 분위기를 바꾸곤 한다.

그런 미선이지만 글로 답하는 건 제일 열심이다. 감독한테 단톡으로 따로 질문을 하거나 과제를 제출하곤 한다. 영화 후기를 쓰거나 의견을 낼 때도 제일 먼저 내게 단톡으로 보냈다.

영화촬영 중에 인형극처럼 장막 뒤에서 인형을 갖고 자신의 마음을 말하는 대목이 있었다. 다른 사람들은 그냥 했는데, 미선이는 주저했다. 그런 마음을 이해하고 감독은 다른 사람들을 밖으로 나가게 했다. 나중에 영상을 보니, 그때 미선이는 자신의 심정을 솔직하게 잘 표현했다.

"두껍아, 사람들은 왜 나를 귀찮게 하니?"

이게 미선이의 솔직한 심정인가 싶었다. 이십 여 년 살아온 집안 분위기에서 답답함을 느끼는 걸까? 미선이도 집에서 나와 혼자 살면 잘 살 수 있을까?

갈 데 있는 날

아침 9시부터 저녁 9시까지 일했는데, 미선이는 쌩쌩하다. 오히려 얼굴빛이 밝다.

"일을 안 해서 아픈 거야."

미선이는 내 말을 부정하지 않았다. 내 말을 인정한 것인지, 인정하지 않지만 반박하지 않은 것인지는 알 수 없다. 나는 내가 아픈 걸 얘기했다.

"엄지발가락 관절에 뭐가 튀어나와 있어. 구부러지는 것도 잘 안 되고. 그런데 남궁 원장은 아프지 않으면 그냥 지내래."

미선이는 그냥 열심히 듣기만 했다.

"남궁 샘이 그러더라. 대학병원 가서 원인을 찾으려고 해도 잘 안 될 거라고."

미선이는 대학병원이랑 여러 곳을 다녔지만 아픈 원인을 정확히 진단받지 못했다고 했다. 그래서 미선이는 더 불안해한다. 왜 그런지 모르지만, 부모님은 더 이상 병원에 갈 일이 아니라고 판단한 것 같았다. 그래서 미선이는 감독에게 부탁해 서울의 큰 대학병원에 또 갔다. 그렇지만 원인을 못 찾았다고 한다.

"감독님이 진료비 내줬는데, 돈 쓰게 해서 미안해요."

나는 돌아가신 어머니 얘기를 해줬다.

"우리 어머니는 약골이셨는데, 아픈 적이 없었어. 커서 생각해 보니 어머니는 아플 틈이 없었던 거야. 돈 벌랴, 애새끼들 먹여 살리랴, 아플 틈이 있었겠어?"

미선이는 재밌다는 듯이 크게 웃었다. 말수가 적지만, 어쩌다 웃을 때는 크게 웃는 미선이다.

"미선이 나랑 같이 일하러 다닐래? 고구마도 캐고, 들깨도 베고, 닭 모이도 주고…."

안 한다고는 하지 않는데, 썩 내켜하는 건 아닌 눈치다. 그래서 나는 다른 제안을 했다.

"내일 모레 사진 찍으러 다닐 건데, 같이 갈래?"

미선이 표정이 조금 밝아졌다.

"사진 찍고 저녁에는 다루지 가야 해. 스크린 달아보고 영화 잘 나오나 시험해 봐야 하거든."

영화 얘기가 나오자 표정이 더 밝아졌다. 그리고 작은 목소리로 대답했다.

"갈게요."

갈 데 있는 날은 좋다. 그런 날이 많으면 더 좋겠다.

소리 질러!

　음악이나 미술 같은 데 소질이 없는 나는 가수의 음악회에 가지 않는다. 갈 마음도 안 나지만, 갈 돈과 시간 여유도 없는 편이다. 가끔 텔레비전이나 동영상에서 그런 공연장면을 볼 때마다 드는 느낌이 있다.
　'어휴, 저렇게 시끄러운 데서 소리 지르고 그러면 재밌나?'
　어떨 때는 진행자나 가수가 아예 소리 지르라고 요구하기도 한다. '소리 질러!'라고 외치면 관객들이 함께 마음껏 소리를 지르는 것이다. 나는 이런 걸 좋아하지는 않지만, 한편으로는 조금 이해되기도 한다.
　'비싼 돈 내고 괜히 가지는 않겠지…'

　대학 1학년 여름방학 때 봉산탈춤을 배운 적이 있다. 고등학교까지 다니던 학교와 전혀 다른 분위기의 대학생활, 용돈도 없고 거처도 불안정하던 시절이었고, 졸업정원제 때문에 성적 걱정도 많던 새내기 시절이었다. 탈춤을 가르치는 선배는 기본동작 훈련도 가르쳤지만, 소리지르기 훈련(?)도 많이 시켰다.

학교에서 산쪽으로 제일 윗부분에 순환도로의 다리가 있었는데, 그 밑에서 소리훈련을 시켰다.

"낙양동천 이화정!"

낙양 동쪽에 이화정이라는 정자가 있다는 얘기인데, 그 뜻과 상관없이 우리는 그 짧은 구호를 외치고 또 외쳤다. 한 여자 선배는 공연 중의 한 대사를 따라하도록 했다.

"아나야~!"

이건 더 짧은 구호인데, 길게 늘어뜨리는 소리가 다리와 산에 부딪쳐 울림이 있었다. 뭔가 시원한 느낌이 있었다. 나중에

노래방에서 미선이는 신난다

산에 다닐 때 나는 '야호!' 대신 이 '아나야!'를 외치곤 했다.

중고등학교 체육시간이나 교련시간에 함성을 지르거나 큰 소리로 함께 군가를 부른 적도 있기는 하지만, 혼자 그렇게 고함을 지른 적은 없었다. 평소 말할 때도 목소리가 크지 않은 내게 그때 탈춤반에서 받은 훈련은 특별한 경험이었다.

말보다 카톡

음악모임과 영화모임에서 미선이를 만나면 '소리 질러!'가 떠오른다. 미선이는 나보다 더 말수도 적고 자신 없는 태도다. 감독이 여러 번 물어도 대답하지 않을 때가 있다. 그럴 때는 교실이 조용해지고, 좀 어색해지기도 한다. 그렇지만 감독은 인내심이 많은 사람이다. 다그치거나 싫은 내색을 하지 않고 미선이가 대답할 때까지 조용히 기다려준다. 몇 번 물어서 대답하지 않으면, 분위기를 바꿔 다른 내용으로 진도를 나간다.

'발표력이 없나?'

'대화를 이해하지 못하나?'

나는 이런 의문을 품기도 했다. 그런데 감독의 말을 따로 들으면 그렇지 않다는 것이다. 미선이는 감독과 개인적으로는 전화도 하고 카톡 등으로 의견을 활발하게 주고받는다는 것이다. 내가 영화제 사무국에 보내기 위해 참석자들의 글을 모을 때도 가장 먼저 답변을 보내온 건 미선이였다.

영화촬영과 편집에 관심이 많아 참여하게 되었습니다.

작년과 동일한 영화 주제로 참여하였지만, 이번 영화도 작년 영화에 이어져 아쉬운 점도 있고 부족한 거 있지만, 다음 영화제작 할 때는 변화가 있었으면 좋겠습니다.

일주일간 합숙하면서 사건 사고가 많았고, 아프기까지 하면서 많이 힘들었습니다. 그렇지만 같이 일주일간 합숙경험을 해보니 정말 실제로 부모님 곁을 떠나서 살아갈 수 있는 용기가 생긴 것 같아서 뿌듯했습니다. 함께 합숙한 순간들이 제일 기억에 남았습니다.

아픈 와중에 영화 촬영하면서 많이 힘들었지만, 그만큼 관심도 많았기에 끝까지 영화 만들고 싶습니다.

미선이는 다른 의견도 카톡으로 할 때 더 쉽게 대답하는 편이다. 아무래도 사람들 앞에서 자신의 생각이나 의견을 말할 때 부담을 많이 느끼는 것 같다. 이건 미선이뿐만 아니라, 많은 사람들에게 있는 일이다. 공개장소에서 마이크를 잡는 건 훈련받지 않은 사람들에게는 공포(?)다. 어릴 때부터 반장 같은 걸 해서 사람들 앞에 많이 서봤거나 웅변이나 공연 같은 걸 하면서 많이 서보지 않으면 쉽지 않은 일이다.

그렇게 아주 많은 사람들 앞에서 서는 것이 아니더라도, 대여섯 명 아는 사람들 모임에서 얘기하는 것도 성격이나 자란 환경에 따라서는 쉽지 않은 일이다. 나 역시 그랬다.

고등학교 때까지 공부는 발표라는 게 별로 없었다. 샘 말을 듣거나 혼자 생각하고 혼자 공부하는 게 일상사였다. 어쩌다 의견을 내더라도 아주 간단한 답변일 뿐이었다. 대학 때도 마찬가지였다.

그런데 비공개 동아리 모임은 달랐다. 책이나 자료를 읽고 자신의 생각으로 정리해서 말하게 했다. 토론은 격식 없이 자유롭게 자신의 의견을 말하는 분위기인데, 나는 말하는 게 서툴러서 토론에 적극 참여하지 못했다. 많이 듣고 신중하게 생각했다. 어쩌다 한두 마디 얘기하면, 좀 엉뚱해서 분위기가 썰렁해지기도 했다.

이런 개인 경험도 있어서, 나는 말을 잘 안 하는 미선이를 많이 이해하는 편이다. 다른 것도 마찬가지지만, 이런 문제를 지적하고 그러지 말라고 한다고 달라질 일이 아니다. 적절한 훈련과 경험 그리고 시간이 필요한 것이다. 그런 점에서 지난 2년 동안 한 음악모임과 영화모임은 미선이한테 좋은 훈련 기회였을 것이다.

영화모임에서는 계속 얘기하는 기회를 가졌다. 감독이 일방적으로 강의식으로 설명만 하지 않았다. 의견을 말하게 하고, 가벼운 토론도 시켰다. 나온 의견에 맞는 짧은 영화도 보면서 진행했다.

촬영과 편집도 하게 했다. 배우로 연기하게도 했다. 영화를 찍는다는 거, 배우로 연기를 한다는 거, 보통 무척 어려워하는 일이다. 그런데 좀 서투르기는 하지만, 지난 2년 동안 그런 일을 하며 지냈다. 그리고 영화도 완성했다.

음악모임도 미선이한테는 유익했을 것이다. 전에는 혼자 연습했는데, 여럿이 함께 하는 것도 좋았을 것이고, 특히 지휘자 샘이 중간중간 개별지도를 해줘서 실력도 많이 늘었다. 개인연습도 필요하지만, 여럿이 같이 하는 건 더 재밌고 자극도 된다. 게다가 최근에는 수십 명 관중 앞에서 공연을 했다. 미선이한테는 처음 해보는 경험일 것이다.

여러 사람 앞에서 말하거나 공연한다는 거, 쉽지 않은 일이다. 떨지 않아야 하는데, 해보지 않고는 극복하기 어려운 일이다. 그걸 해본 것이다. 아마 혼자 하라고 했으면 못했을 것이다. 평소 같이 연습하고 잘 아는 사람들이 함께 해서 해냈을 것이다. 말 그대로, '함께 가자 우리 이 길을' 실행한 것이다.

무대에 홀로서기

지난 가을 사회적농업 프로그램의 하나로 양로원 어르신들 앞에서 독주하는 기회가 있었다. 새벽이는 무대에 많이 서봐서 별로 힘들이지 않고 해냈다. 자폐성 장애가 있어서 남의 눈길을 별로 의식하지 않는 새벽이다. 그렇지만 미선이가 혼자 남들 앞에서 연주하는 건 아마 처음일 것이다. 매주 음악모임에서 연습을 하지만, 혼자 연주하는 건 쉽지 않았다. 중간중간 음정이 틀리기도 했고, 박자도 흔들렸다.

"연습도 별로 안 했는데…."

미선이가 멋쩍게 웃으며 한 말이다.

"자꾸 해봐야지 늘지."

위로해 준 말이기도 하지만, 그게 사실일 거다. 연습도 연습이지만, 무대에서 실제로 많이 해봐야 더 잘할 것이다.

양로원 어르신들 앞에서 연주하는 미선이

영화촬영 중 한 일정으로 노래방에 간 적이 있다. 그동안 미선이를 본 중에 노래방에서 본 모습이 가장 활발했다. 노래하는 건 다른 무엇보다 자신 있어 한다. 노래방에도 많이 가본 것 같다.

'그래, 노래방에서 마음껏 소리 지르는 것도 좋지.'

좋아하는 가수의 공연에 가보는 것도 좋겠다는 생각이 들었다.

'다음에는 그런 기회를 만들어볼까?'

"소리 질러!"

"우와아!"

"오빠~!"

미선이가 속 시원하게 소리 지르는 모습을 생각해 본다.

3장
무서운 사람

말이 많은 건가요, 아는 게 많은 건가요?
앞자리 차지하기
무서운 사람
택배 송장 붙이기 놀이
지훈이가 나한테 준 사탕은 누구 건가?

말이 많은 건가요, 아는 게 많은 건가요?

"아, 그게 아니고요~!"

경상도 사투리에 억양도 높은 박 선배의 반론이 시작되면 다들 긴장한다. 반론이라기보다 일방적인 주장이다. 박 선배랑 하는 회의는 다른 회의와 많이 다르다. 회의 시간의 2/3 정도는 박 선배 말로 채워진다. 똑똑해서 아는 것도 많은 데다, 주장도 세서 더 그렇다.

여기까지라면 참을 수 있다. 아는 게 많은 건 좋은 거고, 주장이 센 것도 굳이 나쁜 것만은 아니다. 문제는 회의, 다시 말해 대화를 하느냐다. 박 선배가 낀 회의에서는 대화가 거의 불가능하다. 말을 끊는 게 워낙 많기 때문이다. 남이 말하는 중간에 손을 들며 하던 이 말, '아, 그게 아니고요!', 15년이 더 지난 지금도 귀에 쟁쟁하다.

말은 많으나, 말 끊지 않기

다른 감독들은 어떻게 교육과 촬영을 진행하는지 모르겠으나, 우리 모임의 문 감독은 말이 많지 않은 편이다. 대신 말을 많이 시킨다. 그러자니 질문을 많이 하는 편이다. 그 대답들에서 하나하나 실마리를 풀어서 이어나간다.

모임 참석자들은 성향이 각기 다르다. 다른 정도가 아니라 전혀 다르다. 말을 길게 하는 사람도 있고, 짧게 하는 사람도 있으며, 거의 안 하거나 주로 딴짓을 하는 사람도 있다. '그래도 지구는 돈다'는 말처럼, 이렇게 어수선한데도 영화수업은 계속 됐고, 결국 영화는 완성됐다. 참 신기하고 재밌는 일이었다.

영화모임에서 말을 제일 많이 하는 사람은 지희다. 진행자인 감독보다도 더 많다. 만약 지희가 없었다면, 영화모임은 참 따분하게 진행됐을 것이다. 감독이 질문을 해도 대답하는 사람이 없고, 그러면 진도 나가기도 힘들었을 테니 말이다.

지희는 영화에 대해 아는 게 많다. 혼자 많이 공부한 것 같다. 말도 잘한다. 차분하면서도 조리있게 잘 얘기한다. 꼭 아는 내용이 아니어도, 지희는 자기 의견을 적극적으로 말하는 편이다. 질문하는 감독으로서는 흐뭇할 것이다. 어떤 질문을 해도 호응하는 사람이 있으니 말이다.

그렇지만 지희는 박 선배처럼 남의 말을 끊지 않는다. 적어도 영화모임에서는 그렇다. 영화모임에서는 지희처럼 적극적으로 말하는 사람이 없다. 말을 잘 안하거나 못하기 때문에 감독이 어떻게든 의견을 말하게 하려고 여러 가지 방식으로 말을 유도하는 편이다.

그러니 이 모임에서는 자기 얘기를 하기 위해 남의 말을 끊어야 할 정도로 빡빡하지 않다. 오히려 남이 말해주면 조금은 고마운 분위기다. 그사이에 내 생각을 정리할 틈이 생기기도 하고, 아무도 대답을 안 하면 묻는 감독한테 미안하기도 하기 때문이다.

혼자 웃는 사람

"아빠, 왜 웃어?"

막내 보리가 이렇게 물으며 어이없어 하지만, 나는 그냥 계속 웃는다.

"우리는 웃지도 않는데, 자기가 말하고 자기만 웃네?"

그러면서 애들은 나를 놀린다. 그렇지만 나는 아랑곳하지 않고 웃는다.

"나만 재밌으면 되지, 왜 내가 너희들까지 재밌게 해야 해?"

나의 이 반론에 온달과 보리는 '내가 졌다'는 시늉을 한다. 이럴 때 나는 속으로 이렇게 생각한다.

'음~, 한판승!'

이런 나의 태도를 온달과 보리는 싫어한다. 그렇지만 그것도 잠시, 또다시 새로운 한판이 벌어지고, 갱구의 한판승이 벌어지곤 한다. 그럴 때마다 애들은 새로운 용어를 동원하며 나를 비꼰다.

'썰렁하다.'

'아재개그 그만해라.'

'한 번만 더 들으면, 만 번이다, 만 번!'

그런 탄압(?)을 무릅쓰고 갱구는 갱구만의 길을 고집한다. 상대의 반응에 휘둘리지 않는다. 그런데도 애들은 갱구를 계속 상대한다. 왜 그럴까?

첫째, 갱구는 공격하지 않는다. 갱구랑 얘기하면 지루하거나 밋밋할 수는 있어도 마음의 상처를 입지는 않는다. 그러니 다시 상대할 마음이 생기지 않을까?

둘째, 갱구를 배려해 줄 필요가 없다. 대화를 하다 보면 상대를 배려해서 신경 써야 할 때가 많다. 상대가 내 맘 같지 않으니, 혹시 잘못 말해서 오해가 생기거나 상처를 입을 수도 있기 때문이다. 그런데 갱구는 늘 스스로 즐거우니, 그런 배려가 별로 필요 없다. 자기들이 갱구를 놀려도 갱구는 결코 주눅들지 않는다. 그러니 온달과 보리는 마음이 편하다.

그러다 보면 때로 녀석들은 갱구 말버릇을 자기도 모르게 따라 하곤 한다. '한 번만 더 들으면, 만 번이다, 만 번!'이 대표적인 예다. 녀석들이 갱구한테 하는 잔소리를 그 대사로 반박

했는데, 그 소리를 들으며 어이없어하면서도 그게 극적이었던 거다. 실제 그 대사는 대학 때 탈반 공연에서 썼던 대사다.

하나 더 있다. '레츠 가자!'다. 이것도 공연에서 썼던 대사인데, 썰렁개그라고 하면서도 재밌었던가 보다. 그리고 갱구가 계속 반복하니 몸에 뱄을 수도 있다. 어느 날 온달이가 친구들과 술 마시며 얘기하다 자기도 모르게 그 말이 튀어나왔다고 한다.

'ㅋㅋ 녀석, 갱구한테 선진개그를 전수받았군!'

얘기 놀이의 진짜 재미

지희도 말하는 중에 혼자 웃는 적이 많다. 늘 미소를 띠는데, 얘기하면서 자기 말에 스스로 웃는 때도 많다. 그런데 갱구에 비해 지희가 불행(?)한 것은 보리가 갱구한테 하듯이 '지희가 왜 웃어?', '왜 자기가 말하고 혼자 웃어?' 하며 놀리는 상대가 없다는 것이다.

왜 그렇게 놀리지 않는 걸까? 혹시 그러면 지희가 상처받을까 봐? 온달과 보리는 그렇게 놀려도 갱구가 상처받지 않을 거라고 믿기 때문에 자신 있게(?) 놀리는 걸까? 만약 그렇다면 이 대목에서 갱구가 지희한테 한판승!

지희도 대화하면서 상대를 공격하지 않는다. 그냥 덤덤하게 자신의 생각을 말할 뿐이다. 심성이 고와 상대를 공격하지 않은 건지, 상대를 공격하면 다툼이 생길까 봐 걱정스러워 그런 건지, 상대의 생각을 살펴볼 마음이나 여유가 없어서 그런 건지, 잘 모르겠다. 아무튼 공격하지 않는다.

그러니 지희 말이 때로 좀 길어서 지루할 때도 있고, 분위기에 맞지 않게 자신의 생각을 늘어놓는 경우가 있기는 해도, 그다지 불편하지 않다. 그래서 그냥 좀 길어도 계속 들을 때가 많다. 계속 길게 얘기할 만큼 지희는 아는 내용이 많다. 아는 게 많으니 할 말도 많을 수밖에 없다. 그런 지희 얘기를 듣다 보면, 가끔 '어디서 말을 끊지?' 하는 생각이 들 때가 있다.

그런데 일방적으로 하는 강의가 아닌 대화에서는 상대가 내 말을 어떻게 이해하고 있는지가 중요하다. 심지어 논쟁인 경우에도, 내 말과 상대 말 중에 어떤 것이 더 맞느냐 하는 것보다, 나의 주장을 상대가 어떻게 받아들이느냐가 중요하다. 내 말이 아무리 옳아도 상대가 그걸 받아들이지 않는다면 아무 소용이 없기 때문이다. 그냥 무엇이 진실인가를 따지는 거라면 모르겠지만 말이다.

무엇이 진실인지를 따지자면, 상대와 논쟁할 게 아니라 그 논쟁을 법정으로 가져가거나 신에게 물어보는 게 나을 것이다. 나는 그걸 '진실경기'라 부른다. 그런데 우리가 보통 하는 대화는 법정이나 신한테 끌고 갈 일이 아니다. 나는 그걸 '얘기 놀이'라고 부른다.

얘기 놀이에서 혹시 승패를 가린다면 어떤 기준으로 승패를 가릴까? 누가 말을 더 오래 했는가? 이건 아닌 것 같다. 적대적인 대화가 아니라면, 얘기 놀이에서 승패를 가린다는 것 자체가 말이 안 된다. 정치논쟁이나 말다툼이라면 모를까 말이다. 그런데 그런 것들은 얘기 놀이라고 할 수 없다. 그럼 싸움이 아닌 진정한 얘기 놀이의 재미는 어디서 오는 걸까?

나는 따뜻해짐이라고 생각한다. 얘기가 진행될수록 각자의 마음과 분위기가 따뜻해지는 것이 얘기 놀이의 진짜 재미다. 따뜻해지려면 불을 지피기도 해야 하지만, 스스로 불타오르기도 해야 한다. 밖의 불과 안의 열정이 만나야 진짜 따뜻해진다. 그러자면 나의 말에 상대가 어떻게 호흡하는지도 살펴가며 얘기를 해야 한다. 이 점이 지희와 얘기할 때 아쉬운 점이었다.

호흡 맞추기

지희는 음악모임을 몇 번 하다가 그만뒀다. 악기에 자신이 없어서인지, 음악모임 분위기가 안 맞아서인지 모르겠다. 늦잠을 자서 몇 번 빠지게 되고, 그래서 어색해서 안 나오게 된 것인지도 모르겠다. 그리고 한참 후에 지희한테 호흡기 계통 병이 있다는 걸 알았다. 그즈음 지휘자한테 이런 말을 들었다.

"호흡기가 안 좋은 사람이 관악 악기를 하면 건강이 좋아져요."

입으로 불어서 악기를 다루는 거니 호흡훈련이 자연스럽게 된다는 얘기다. 그 얘기를 지희한테 여러 번 해줬다. 그렇지만 지희는 움직이지 않았다.

그런데 내가 지희한테 음악모임을 하라는 데는 호흡기 건강 때문만은 아니다. 그런 모임을 많이 하는 게 하루하루 즐겁게 사는 데 도움이 되는 것도 당연한 일이지만, 다른 사람의 분위기를 몸으로 느끼는 훈련이 될 수도 있다는 점 때문이었다.

여럿이 같이 합창을 하거나 악기를 다룰 때는 다른 사람의 상태를 신경써야 한다고 한다. 그런 거에 소질과 관심이 없는 나는 그냥 말로 들어서 이해할 뿐이지만, 확실히 그럴 거라는 생각이 든다. 나는 지희가 그런 걸 많이 하면 좋겠다고 생각한다. 음악모임이 내키지 않는다면 그와 비슷한 뭐라도 찾아서 해보면 좋겠다.

가벼운 운동도 도움이 될 것 같다. 탁구나 배드민턴 같은 것도 어렵지 않고 도움이 될 것 같다. 아니 그게 아니더라도 여럿이 산책을 하는 것도 좋겠다. 그런데 이런 것들이 다 그냥 할 수 있는 것 같아도, 특별히 계기가 생기지 않으면 안 하게 되는 것들이다. 시작이 반이라는 말이 있는 것처럼 말이다.

요즘 지희는 건강센터에 다닌다. 하루에 1시간 이상씩 운동 지도를 받으며 체력단련을 하고 있다. 이것도 좋다. 혼자도 할 수 있겠지만, 혼자 꾸준히 잘하는 건 누구에게나 쉽지 않다.

지금 하는 운동을 지희가 오래오래 잘하면 좋겠다. 몸도 건강해지고, 가르치는 사람과 호흡을 맞춰나가는 놀이(?)를 즐기기를 바란다.

나아가 여럿이 함께 하는 운동이나 놀이도 하게 되기를 바란다. 그렇게 호흡을 잘 맞춰나가면서 '얘기 놀이'도 더 잘 즐기는 지희가 되면 좋겠다.

갱구는 언제든지 웃을 준비가 돼 있다. 지희가 갱구를 재밌게 하거나 웃길 필요는 없다. 그냥 내키는 대로 얘기하면 된다. 갱구와의 대화에서, 영화모임의 대화에서, 지희가 얘기 놀이의 등급을 한 단계 더 올리게 되기를 바란다.

앞자리 차지하기

"누가 앞에 탈까?"

"새벽이요!"

'으잉? 이건 내가 바라던 대답이 아닌데?'

새벽이를 설득하기 위해 논리를 들이댔다.

"왜 새벽이가 앞에 타야 해?"

잠깐 실랑이를 벌이려는 순간, 새벽 아빠가 큰소리를 쳤다.

"새벽이가 뒤에 타!"

곧바로 새벽이가 순진해졌다. 나는 내 논리를 새벽이에게 시험할 필요가 없어졌다. 그런데 의문이 남는다.

'녀석이 왜 순순히 양보했지?'

저항할 수도 있는데 말이다. 새벽이한테 객관식으로 물어보듯이 생각해 본다.

'1번, 갱구 아저씨한테 양보하자.'

'2번, 아빠가 화내니 할 수 없다.'

'3번, 고기 먹으러 가는데, 자리는 상관없다.'

실제로 물어봤으면 새벽이는 '3번!' 하고 큰소리로 답했을 것 같다.

모임 장소에 도착해서 나는 가져온 솥을 내리느라 사람들이 모인 장소에 가지 못했다. 그 사이 새벽이는 사람들이 어디 있는지를 찾았다. 그러더니 다급히 묻는다.

"어디로 가야 해?"

"저쪽으로 가면 돼."

새벽DJ픽 최고의 드라이브송 "피노키오"

새벽이는 차에 타면 의자를 최대한 뒤로 제낀다.
인형을 늘 끼고 다니고, 음악 듣는 걸 좋아한다(그림 장혜인)

3장 무서운 사람

그런데 새벽이 반응이 시큰둥하다. 나도 다시 보니, 그쪽이 아닌 것 같아서 다시 방향을 알려줬다. 그리고 새벽이는 사라졌다. 가져온 물건을 내리고 우리가 아빠들 방에서 꽤 오랫동안 시간을 보낼 때까지 새벽이는 내 앞에 나타나지 않았다. 맛있게 구워진 돼지고기를 먹느라 정신이 없었을 것이다.

'ㅋㅋ, 3번이 맞아.'

돌아올 때도 새벽이는 앞자리를 고집하지 않았다.
'왜지?'
나는 또 늘 새벽이에게 물어보듯이 객관식으로 생각해 본다.
'1번, 어차피 어른들이 안 된다고 한다.'
'2번, 앞자리는 원래 어른들 자리다.'
'3번, 고기도 많이 먹었는데, 아무 자리나 좋다.'
이번에도 새벽이는 '3번!' 하고 큰소리로 답했을 것이다. 실제 그랬다. 1시간 넘게 강화 철산리까지 오는 동안 새벽이는 불만이 없었다. 그리고 이문세 씨디를 틀었다. 그 씨디는 전에 우리집에서 가져왔다고 했다. 평소 즐겨 듣던 동요가 아니라, 내가 좋아하는 이문세 씨디를 트는 건 무슨 뜻일까?
'녀석, 갱구한테 봉사하나?'

무서운 사람

동애등에 알을 부화배지에 다 넣고, 다음 일을 하러 사료실로 가는데 전화가 왔다.

'지훈이네?'

병원에 있는 지훈이가 어떻게 전화를 할까 싶었지만, 늘 받던 대로 반갑게 받았다.

"지훈이 안녕!"

지훈이는 내 말에 대답하지 않는다. 대신 지훈이가 옆 아빠한테 말하는 소리가 들려온다.

"이광구야."

이렇게 말하는 지훈이의 속내는 이런 것이다.

'이 사람 나 알아. 내가 전화하면 받아.'

지훈이는 자기와 상대할 사람, 전화 받아줄 사람이 있다는 게 자랑거리다. 이어서 옆집 형이 오랜만에 만난 지훈이에게 말을 걸어주는 소리가 들린다.

"지훈이 어떻게 왔어?"

지훈이는 그 말에도 대답하지 않고 딴말을 한다.

"내 친구들이야."

이것도 아빠한테 하는 소리다. '녀석, 무조건 다 친구란다.'

지훈이에게 전화는 중요한 놀이도구다. 도움을 청할 때도 전화를 한다. 그런데 엄마 아빠 말고는 전화할 사람이 없다.

다른 사람이라면 너스레 떤다고 하겠지만, 지훈이의 이 말은 몇 안 되는 자기표현 중 하나다. 그것도 기분 좋을 때 하는 자랑(?)이다. 그러니까 너스레, 그 말이 맞는 말이다.

전화 놀이와 친구 자랑

잠시 뒤 검은색 차가 농장 마당에 도착했다. 지훈이가 자기 차라고 자랑하는, 내 차는 똥차니까 버리라면서 자랑하곤 하던 그 차다.

"지훈이 안녕!"

지훈이는 대답 대신 미소를 짓는다. 그러면서 나를 위 아래로 훑어보더니 한마디 한다.

"옷 좀 빨아!"

이럴 때 나는 늘 받아들인다.

"알았어."

돌아가신 어머니라면 한마디 더 하셨을 것이다.

"아무리 작업복이라고 해도 가끔 빨아 입어라. 남들이 흉본다."

지훈이는 여기까지 나아가지는 못한다. 그냥 더러운 옷은 입으면 안 된다는 원칙만 있다. 그런 지훈이의 오늘 낯빛이 밝다. 병원에서 나와, 오랜만에 자기가 좋아하는 사람들을 만나서 기분이 좋은가 보다. 지훈이는 내 주변을 맴도는 강아지에게 눈길을 준다. 이제 겨우 세 달 된 어린 강아지인데도 지훈이는 강아지한테 손길을 주지 못한다. 손찌검을 하기는 하지만, 지훈이는 사실 겁이 많다. 지훈이뿐만 아니라 대부분 발달장애인 친구들이 그럴 것이다.

지훈이 엄마는 지훈이가 강아지를 좋아하니 마당이 있는 집에서 살면 좋겠다고 말하곤 했다. 지금은 연립주택에 사는데, 개 키울만한 공간이 없다.

"휴가 나왔어요."

지훈이 아빠 말이다. 한 달에 4박 5일씩 휴가를 나올 수 있다고 한다. 추석 때도 그랬던가 보다. 전화가 와서 받았는데, 지훈이는 전화를 걸고 아무 말도 하지 않았다. 지훈이가 전화할 수 있는 몇 안 되는 사람 중에 하나인 나한테 전화를 하기는 했는데, 막상 걸기만 하고 말은 하지 않는다. 다른 사람들한테 전화하지 말라고 늘 제지를 받아서 그런 것 같다. 사실 지훈이 전화를 받아주면, 하고 또 하고 계속해댄다. 일을 볼 수 없을 정도로 한다. 말할 상대와 놀 게 없는 지훈이한테는 전화하는 게 대화고 놀이다.

지훈이를 병원에 보내기 직전에 지훈이 아빠는 이렇게 말했다.

"버릇만 좀 고쳐지면 데리고 와야죠."

그런데 벌써 1년이 넘었다.

'아직 버릇이 안 고쳐진 걸까?'

나는 지훈이 아빠한테 농장을 보여주며 설명했다.

"개랑 닭들도 키우면서, 사람들이 여럿이 놀 수 있는 공간을 만들려고 하는데, 아직 고생만 하고 있네요."

그러면서 나는 멋쩍게 웃었다. 다 이해한다는 듯이 지훈이 아빠도 미소를 지었다. 지훈이가 사람들이 많은 곳에서 노는 걸 좋아하기 때문이다. 그렇지만 지훈이를 이해해 주면서, 넉넉하게 운영되는, 그런 시설이 주변에 없다는 현실을 지훈이 아빠도 잘 안다. 그나마 지훈이가 다녔던 주간마리아센터라도 있는 게 다행이다.

몇 마디 하지도 않았는데 지훈이는 차를 타려고 한다. 지훈이 아빠도 내 일에 방해된다고 생각해서인지 일찍 떠나려고 인사를 한다.

"지훈이가 병원에 오래 있어서 그런지, 한곳에 오래 있으려고 하지 않아요. 계속 돌아다니자고 해요."

원래도 차 타고 돌아다니는 걸 좋아했는데, 병원에 오랫동안 갇혀(?) 있어서 더 그러겠다 싶었다.

"마리아센터에도 가보려고요."

지훈이가 병원에서 나오면 가장 잘 그리고 오래 돌봐줄 수 있는 곳이 그곳이다. 그런데 그곳도 적정인원이 있는데, 1년도 더 지난 지금 다시 지훈이를 받아줄지는 의문이다.

'그래도 어쩌랴, 부탁하고 봐야지.'

많이 맞았던 학교생활

병원에 가기 전에 주간마리아센터 직원들은 지훈이를 힘들어했다. 지훈이 아빠 말에 따르면, 지훈이보다 상태가 좋은 친구들은 '우리마을' 콩나물 작업장 같은 데로 옮겨가고, 센터에는 지훈이보다 상태가 안 좋은 친구들만 남았다고 했다. 그러니까 지훈이는 그런 친구들과 노는 게 시시하다는 것이고, 때로는 다른 친구들을 불편하게 하기도 했다는 것이다. 그게 지훈이 나름 '놀자'는 것일 수 있겠지만, 상대 친구들은 불편한 것이고, 관리자 입장에서도 힘든 일이었을 것이다. 이런 얘기를 들을 때마다 나는 지훈이의 학교생활에 대해 유 신부가 추측했던 말이 늘 떠올랐다.

"학교 다닐 때 애들한테 많이 맞았을 겁니다."

나는 정확히 이해할 수 없어서 그냥 고개만 끄덕였다. 그럴 것 같다는 추측은 했다. 자폐 장애가 있는 새벽이는 자기가 먼저 다른 친구들과 놀려는 시도를 하지 않는다. 귀엽고 예쁜 여자 꼬마애들한테는 접근하기는 하지만 말이다. 그런데 지훈이는 자폐 장애가 없고, 매우 활달하게 남과 어울리려고 한다.

아주 어렸을 때는 별 문제가 아니었을 테지만, 중학교 때부터는 문제가 됐을 것이다. 그 나이 친구들은 지훈이가 놀이에 끼면 재미가 없고 불편하다는 생각을 했을 것이다. 그래도 지훈이는 끼어들었을 것이고, 못 하게 하면 힘으로 밀어붙였을 것이다. 그럴 때 주먹으로 지훈이를 때리는 친구들이 있었을 것이고, 지훈이도 주먹으로 반응했을 것이다. 그다음은, 생각할 필요도 없이 뻔한 그림이다. 바닥에 쓰러진 지훈이는 발길질도 당했을 것이다.

발달장애 친구들은 말을 받아서 그다음 자기 말을 이어가지 못한다. 그냥 단순한 뜻만 내뱉는다. 행동도 마찬가지라서 실제 싸움은 잘 못한다. 팔을 잡고 다리를 걸어서 넘어뜨린다거나 하는 복잡한 행동은 못한다. 한번 주먹으로 치거나 밀치는 정도는 하지만 말이다. 그 공격의 결과도 예측하지 못한다. 위험한 곳에서 상대를 밀어서 떨어뜨리면 어떻게 되는지 모른다. 그래서 위험한 곳에 있는 것 자체가 위험하다.

그런데 좀 다행인 건 이 친구들은 위험한 것을 무서워한다는 점이다. 그래서 자기 혼자는 위험한 짓을 거의 안하는 편이다. 생각만큼 사고가 날 위험은 크지 않다.

이런 지훈이를 볼 때마다 가끔 유 신부가 말한, '학교 다닐 때 많이 맞았을 것'이라는 말이 자주 맴돌았다. 그런데 지난 초여름, 강화읍에 있는 특수교육센터에서 사회적농업 공부 모임을 할 때 그 말이 사실이었음을 확인했다. 짐작은 했지만, 사실로 확인하니 마음이 더 아팠다.

특수교사인 고제헌 샘이 말했다.

"우리반 애들이 일반수업도 하잖아요. 그러니까 나는 일반학급 친구들하고도 친하게 지내야 해요. 그래야 그 애들이 우리 반 애들한테 잘 해주거든요."

몇 가지 질문이 오갔다. 특히 장애인 공동생활시설에서 일하는 진수가 진지하게 물었는데, 특히 폭행에 대해 물었다.

"그런 일이 있으면 샘한테 꼭 말해야 해요."

그 말을 듣는 진수의 눈빛이 흔들렸다.

재치있고 눈치도 빠른 고제헌 샘이 그런 진수한테 바로 들이밀었다.

"얘기 안 했구나!"

"그게, 그러니까…."

진수는 말을 잇지 못했다. 진수는 지훈이랑 강화중과 강화고 동기다. 폭행당하는 지훈이를 도와주지 못한 것에 대해 진수는 마음 아파하고 있었다. 그 표정만으로도 나는 진수의 마음을 충분히 느낄 수 있었다. 그 나이 즈음에 폭력사태에 끼어든다는 것은 쉬운 얘기가 아니다. 나에게도 아픈 상처가 있다.

고등학교 1학년이 거의 끝날 무렵, 우리 반 아이들 서른 명 정도가 학교에서 행사를 마치고 중국집에 모였다. 막 요리가 나올 즈음, 낯선 학생 네 명이 들어왔다. 그러더니 다짜고짜 우리 반 친구를 찾았다. 그리고 우리한테 막말을 하고, 우리 친구를 막 때렸다. 친구는 무슨 사연이 있는지 모르겠는데, 그냥 맞았다. 반 친구들이 서른 명이나 있는데도 말이다. 이 장면도 감옥에서 꿈속에 나타났던, 나를 자책하는 장면 중 하나다.

'왜 나는 그때 당당하게 맞서 싸우지 못했을까? 친구가 어이없게 맞고, 우리 모두가 업신여김을 받는데도 쥐죽은 듯이 있어야만 했던가…'

고제헌 샘과 진수의 대화가 오가는 동안, 나는 교실 바닥에 쓰러져 친구들한테 발길질을 당하는 지훈이 모습을 봤다. 그런데 그 모습은 또한 남부경찰서 강당 바닥에 쓰러진 채 전경들의 구둣발에 짓밟혀 숨쉬기 어려웠던 나의 모습이기도 했다. 지훈이가 당한 폭력과 내가 받은 폭력, 둘 다 아직도 치유받지 못하고 있다. 죽는 날까지 영원히 그럴 것이다.

거긴 감옥이래요

떠나기 직전 지훈이 아빠가 한 말이 계속 귓가에 맴돌았다.
"거긴 감옥이래요."

지훈이가 감옥이란 걸 알고 하는 말인지 하는 이성적 의문도 잠시, 그 말이 주는 무게감이 가슴을 짓눌렀다. 그리고 갑자기 사방이 고요해졌다. 그 고요한 틈을 타고 지난날 대화들이 슬며시 밀려 들어왔다.
"아마 안 데려올 겁니다."

버릇만 고쳐지면 곧 데려온다고 했다는 말을 하자, 유 신부가 내게 한 말이다. 유 신부는 평생 장애인 관련 일만 했다. 그래서인지 내가 모르는 상황을 많이 안다. 유 신부 말에 내가 의아해하자 유 신부는 이렇게 덧붙였다.

"몸이 안 따라줄 겁니다. 지훈이 없으면 얼마나 편하겠어요."

그제야 나는 고개를 끄덕였다. 안 데려온다기보다 못 데려오는 것이리라. 실제로 그랬다. 가끔 지훈이네 가게에 들러보지만, 데려오겠다는 말을 들을 수 없었다. 대신 잘 지내고 있다는 말만 들었다.

"거기 일하는 사람 중에 강화사람이 있어요. 밥 잘 먹고 잘 논대요."

통화도 하고, 찾아가서 돈도 주고 온다고 했다.

"걔는 사람들 많은 데를 좋아하잖아요."

그래도 나는 지훈이가 집에 가겠다고 떼쓰지 않는지 궁금했다. 지훈이 엄마는 내 질문에 정확히 답하지 않았다. 대신 '잘 논다'는 말만 했다. 나는 그럴 수 있겠다는 생각을 했다. 엄한 선생이 있으니까 무서워서 덤비지 못할 수도 있다고 생각했다. 대신 사람들이 많으니 하루하루 시간은 잘갈 거라고 생각했다. 병원에서는 약도 좀 세게 먹일 거고 말이다.

"지훈이가 부모랑 같이 지내는 게 더 행복할까?"

아는 사람들과 만나면서 나는 이런 의문을 내놨다. 사람들은 내 말에 동의하지 않는 표정을 지었다.

"지훈이 의식 수준에서는 부모랑 사나 거기 병원에서 사나,

그냥 하루하루가 재밌게 지나가면 그만 아닐까?"
 가족과 지내야 한다는 원칙은 화석처럼 굳은 우리의 오랜 관념 아닌가 하는 의문도 든다는 의견도 내놨다. 그러자 지훈이처럼 발달장애 아들을 둔 해솔 엄마가 내 말을 반박했다.
 "집에 엄청 오고 싶어할 거예요. 그리고 광구 샘이 지훈이한테 잘 해줬잖아요. 걔라고 왜 감정이 없겠어요?"
 약 더 먹이고, 무서운 관리자가 통제하니까 꼼짝없이 갇혀 있는 거라는 얘기다. 듣고 보니 그럴 것도 같다. 지훈이는 힘세고 무서운 사람한테는 꼼짝 못한다. 그런데 집에서는 30년 넘게 같이 지낸 부모랑만 있으니, 부모한테 행패를 부린다. 부모가 자기를 때리지 않는다는 거, 가끔 심하게 굴면 경찰을 부른다고 하거나 실제로 파출소에 데리고 가본들, 그게 그냥 협박용이라는 걸 이제 다 알아버린 것이다. 돈 달라고 하면 어쩔 수 없이 돈 줄 거라는 것도 이제 몸에 밴 습성이 돼버렸다. 그래서 유 신부는 내게 이렇게 말한 적이 있다.
 "집 가까이에서 지훈이를 통제할 만한 사람이 있어야 해요."
 지훈이 같은 친구를 잘 돌보려면 지훈이가 움직이는 공간마다 지훈이가 돌발행동을 할 때 통제할 사람이 있어야 한다는 것이다. 지훈이는 성질이 나면 주먹질도 곧잘 하는 친구다. 특히 낯선 대상한테는 더 그런다. 마리아센터에서 지낼 때나 내가 돌볼 때는 어느 정도 통제가 되는데, 집에서는 부모한테 함부로 행동한다.

무서운 사람한테 반갑게 인사하는 처세술

내가 돌보기 시작한 지 한 달쯤 되던 때도 부모는 병원에 보내야겠다는 맘을 먹은 적이 있었다.
"순천향병원에 예약했어요."
이렇게 말하는 지훈이 아빠의 표정은 어두웠다. 그러면서 이런 말도 했다.
"한 번 들어가면, 다시 나오기 쉽지 않겠지만…."
나는 유 신부한테 그 얘기를 그대로 전했다. 내 말을 듣고 유 신부가 말했다.
"제가 가서 만나볼게요."
부모님을 만나 얘기도 나눠보고, 지훈이 상태도 살펴보겠다는 거였다.
다음날 저녁 즈음, 지훈이네 가게에 유 신부가 왔다. 지훈이네 가게는 헌옷을 파는 곳인데, 이름이 '지훈이네'다. 그래서 지훈이는 늘 내게 자랑했다.
"이거 내 거예요."
'내 거예요'라고 말할 때 지훈이는 으스대며, 말에 운율을 주고, 길게 늘어뜨려서 말했다. 하도 많이 들어서 나도 따라 할 수 있다. 아니 따라 하고 싶은 충동이 생길 때가 많다. 이게 반복의 효과인지, 세뇌인지 모를 일이다.

가게 뒤 주차장에 차를 세우자마자 지훈이는 가게로 먼저 들어갔다. 마침 전화가 와서 나는 좀 늦게 들어갔다. 그런데 옷가게에 들어갔더니 지훈이는 유 신부 앞에서 순한 양이 되어 있었다.

처음에 유 신부가 지훈이한테 아는 체를 하자, 지훈이는 주먹질을 했다고 한다. 유 신부가 팔을 잡고 제압하자 지훈이는 옷걸이를 들고 내릴 때 쓰는 막대기를 들고 유 신부를 때리려고 했다. 그것도 유 신부가 제압하자 지훈이는 씩씩대며 아빠를 불렀다. 아빠는 그냥 가만히 있었다. 지훈이는 이때 이렇게 생각했을 것이다.

'어라? 이놈 쎈데! 아빠를 불러도 안 통하네.'

아빠가 든든한 빽인데, 그것도 안 통한다. 그다음에 지훈이가 동원할 수 있는 건 나다. 지훈이는 나한테 전화하면서 소리쳤다.

"이광구 샘 부른다. 나 이광구 샘 알아!"

힘없는 나도 지훈이한테는 믿을 만한 빽이다. 의지할 데가 얼마나 없으면 그럴까 싶다. 그런 지훈이의 행동을 보면, 초등학교 때 애들 싸울 때 모습이 떠오르곤 한다. 그때 애들은 '우리 아빠한테 이른다. 우리 형이 너 혼내줄 거야.', 이런 식의 엄포를 놓곤 했다. 지훈이가 딱 이 수준이다. 그러나 수십 년 동안 장애인을 상대한 유 신부한테 이런 모습은 귀여운(?) 정도

일 뿐이다.

내가 가게에 들어갔을 때는 지훈이가 유 신부한테 제압된 뒤였다. 지훈이는 유 신부와 눈을 제대로 마주치지도 못하고 눈을 내리깔고 있었다. 유 신부가 엄하게 얘기하는 걸 묵묵히 듣고만 있었다. 그때 지훈이 심정은 이랬을 것이다.

'으이씨, 이놈한테는 안 통하네. 할 수 없다. 이놈한테는 덤비지 말자.'

이 일이 있고 나서 지훈이 부모는 지훈이를 병원에 입원시키지 않았다. 지훈이는 마리아센터에 다니고, 남는 시간에는 나랑 지냈다.

일주일쯤 후에 우리는 쌀을 차에서 내리고 있었다. 여럿이 같이 하는 일을 지훈이는 곧잘 한다. 나서서 열심히 하려고 한다. 지훈이는 다른 사람과 뭘 같이 하는 게 놀이다. 그렇게 여럿이 한참 쌀을 옮기고 있는데, 지훈이가 옆에 있는 내게 살며시 말했다.

"무서운 사람 온다."

'무서운 사람? 누구지?'

유 신부였다. 유 신부가 먼저 지훈이한테 말을 걸었다.

"지훈이 안녕!"

유 신부 말이 끝나자마자 지훈이가 큰소리로 "안녕하세요" 하며 공손하게 인사를 했다. 나는 순간 당황스러웠다.

'이건 뭐지?'

나는 지훈이가 유 신부를 외면할 거라고 생각했다. 적어도 밝게 인사하지는 않을 거라고 봤다. 그런데 언제 다퉜냐는 듯이 반갑게 인사한다. 방금 전에 무서운 사람이라고 말해 놓고 말이다. 이게 지훈이만의 처세술인가?

난 못 그러는데….

택배 송장 붙이기 놀이

차분함, 공부도 그렇고 일도 차분하게 해야 한다. 서두르거나 과정을 뛰어넘으면, 당장은 앞서가겠지만, 뒤탈이 생기게 된다. 일하기 전에 차분하게 일 과정을 얘기하면 좋겠지만, 늘 그게 쉽지 않다. 게다가 아는 사람은 다른 사람도 으레 알고

진지하게 송장을 붙이고 있는 새벽과 지훈

있을 거라고 생각하기도 한다.

나는 새벽이랑 지훈이에게 미리 차 태우고 오면서 나름 상세하게 설명을 했다. 그러나 막상 일을 시작하니, 둘이 막 자기들 맘대로 해버린다. 정신이 없다. 붙인 데 또 붙이기도 하고, 꼭꼭 눌러 붙이지 않아 덜렁대기도 한다. 종이상자의 손잡이 부분을 잡아당겨 찢어진 것도 생긴다.

다행히 최종 주자인 택배기사가 개수를 파악하며 잘못된 것을 걸러준다. 일이 어수선한데도 싫은 내색을 하지 않는다.

이럴 때마다 나는 이렇게 말한다.

"장애가 있는 친구들이어서요...."

"괜찮습니다."

그 무덤함이 고마울 뿐이다.

과거에 비해 우리 사회가 많이 친절해졌다. 다른 사람, 특히 약자에 대한 배려심이 많아졌다. 법과 제도 면에서도 약자들을 많이 고려한다. 사회가 훨씬 밝아지고, 먹고 사는 것도 여유가 많아진 탓일 것이다. 특히 폭력이 눈에 띄게 줄어들었기 때문이다.

"벼를 왜 다 가져갔어?"

일을 마치고 새벽이와 지훈이를 데리고 돌아다녔다. 평화전망대를 지나 북한이 바로 바라보이는 지역을 지나며 말했다.

"지훈아, 저기가 북한이야."

지훈이 대답이 뜻밖이다.

"나빠!"

"뭐라고?"

"나 싫어!"

"왜 싫어?"

마지막에 지훈이는 엉뚱한 말을 한다.

"백지영 좋아."

한참 자랄 때의 벼를 바라보는 새벽이

'??%%$$'

북성리 논에 갔다.

"여기가 아저씨네 논이야."

친구들은 아무 반응이 없다. 하긴, 나한테야 이 논이 의미가 있지만, 새벽이랑 지훈이한테는 그냥 똑같은 벌판일 뿐이다. 다시 출발하는데, 새벽이가 묻는다.

"벼를 왜 다 가져갔어?"

"응, 여기 놔두면 새들이 다 먹어버려."

'이게 맞는 대답인가?' 하고 잠시 생각하다가 다시 설명했다.

"으응, 집에 가져가서 쌀로 만들어서 밥도 해먹고, 택배로 사람들한테 팔려고 가져간 거야."

새벽이한테 이해가 되는 대답인지 모르겠는데, 새벽이는 더 묻지 않았다.

총이 있어 무서운 군인 아저씨

교산교회 앞에서 차를 세우고 작은 나무배와 교회를 보게 했다. 나무배에 사람 둘이 있는 장면을 설명해주고, 새벽이한테 그 옆의 돌에 새겨진 글을 읽게 했다. 새벽이는 이런 걸 읽으라고 하면 잘 읽는 편이다.

교동대교 앞에서 창후리 쪽 좁은 해안길로 접어들었다. 철

남자라서 그런지 새벽이와 지훈이도 검문소 해병대원과 총을 보면
흥미를 보인다.

책 바로 앞에 초소가 있고, 군인들 몇이 총을 들고 서 있었다. 언젠가부터 새벽이는 검문소를 지날 때면 "경례"라고 큰소리를 하며 경례를 한다. 지훈이도 따라한다.

지훈이는 총에 관심이 많다.

"총 갖고 있어요. 나 저 형 알아. 친구야."

지훈이는 여기서도 무조건 형이고 친구라고 한다. 잘 아는 형 중에 해병대원이 있었던 모양이다. 그런데 정말 웃긴 건 지훈이가 새벽이를 혼내는 장면이다.

"말 안들으면 군인한테 혼나!"

왜 그런지 모르겠는데, 새벽이는 마치 혼나는 아이처럼, "예

~"하고 힘없이 대답한다. 지훈이의 그 위세에 눌린 걸까? 아니면 영혼 없는 대답일까?

빼앗긴 선심 기회

창후리 가는 해안도로는 도로공사 중이다. 우리 앞에 경찰차가 천천히 가고 있었다. 내가 장난삼아 얘기했다.
"빨리 좀 가세요! 우리도 가야 해요!"
지훈이는 막 웃는다. 그러면서 나를 혼내듯이 얘기한다.
"경찰차야!"
무서운 경찰차한테 감히 그런 말을 하는 게 웃긴다는 뜻이다. 새벽이는 내 말을 따라 한다.
"빨리 가 주세요!"
경찰차는 조금 더 빨리 가고, 나는 조금 더 천천히 갔다. 경찰차와 우리차 간격이 멀어졌다. 경찰차가 우리 말을 들어서 그렇다고 생각해서인지 지훈이가 크게 웃었다. 우리 애들이 어릴 때 써먹던 갱구 수법이 새벽이와 지훈이한테는 지금도 통한다. 재밌당....
길가 돈대에 들어가 사진을 찍고, 포구에 있는 가게들을 둘러보고 외포리로 향했다.
"오늘 새벽이랑 지훈이가 택배 보내는 일 열심히 했지?"
"예."

"아저씨가 싱싱마트에서 호떡 하나씩 사 줄게."

대답이 더 커졌다.

"예!"

그런데 지훈이가 나선다.

"내가 사 줄게."

지훈이는 자기가 돈 내는 걸 좋아한다. 그동안은 돈을 쓰게 안 했는데, 오늘은 강력히 쓰겠다고 하고, 3천원 정도라서 허락했다.

"그래, 오늘은 지훈이가 새벽이랑 아저씨 호떡 사주는 거야."

지훈이가 흐뭇한 표정을 짓는다.

창후리 무태돈대 안에서 새벽이

'맞아, 남에게 돈을 쓴다는 건 기분좋은 일이지.'

늘 새벽이가 내게 먹을 걸 사달라고 했지, 내가 먼저 사준 적은 없다(밥 말고). 오늘 처음 호떡으로 인심을 쓰려고 했는데, 지훈이한테 그 기회를 빼앗겼다. 기분 좋은 일요일 저녁이다. 해는 저물고, 어둠이 내려앉고 있었다.

지훈이가 나한테 준 사탕은 누구 건가?

"어릴 때부터 자전거를 잘 탔어요."

지훈 맘의 얘기다. 타고난다는 건 이런 걸 두고 하는 말일 것이다. 한쪽 다리가 짧고 발달장애인인 지훈이한테 자전거는 걷는 것보다 쉽다.

'뻥이라고?'

결코 그렇지 않다. 다른 행동으로 보면 다섯 살 아이 같은 지훈이지만, 자전거에 대해서만은 전혀 그렇지 않다. 안장도 최대한 높여 탄다. 서투른 사람 같으면 그렇게 하지 못하지만, 지훈이는 늘 그렇게 높은 안장으로 자전거를 즐긴다. '말아톤' 영화 얘기처럼, 지훈이도 자전거를 더 전문적으로 타게 했으면 어땠을까 하는 생각도 든다.

자전거는 내 친구

타이어 바람을 넣는다거나 자그마한 수리 정도는 스스로

자전거가게에 가서 고친다. 가게 주인이 작은 아빠 친구라서 더 잘하는 것인지도 모른다. 그 가게에 가면 지훈이 목소리가 더 커지고 신난다.

"아저씨!"

씩씩하게 말하고 당당하게 고쳐달라고 요구한다. 주인 아저씨도 기분좋게 받아준다.

"응, 지훈이 왔구나!"

지훈이는 이럴 때 내 얼굴을 보면서 흐뭇해한다.

'봤지! 나 이런 사람이야. 이 아저씨도 날 알아보잖아.'

이런 얘기를 하는 낯빛이다. 이럴 때 나는 '껌뻑' 죽어주는 시늉을 한다.

"아, 지훈이가 잘 아는 사장님이시구나~."

철산리 우리 집에 오면 지훈이는 자전거부터 탄다. 어쩌다 와서 자전거에 바람이 빠져 있으면 나를 혼낸다.

"바람 넣어야지!"

마치 '이런 것도 제대로 못해?' 하고 혼내는 투다.

하루는 함께 자전거를 고치러 갔다. 자전거를 차에 실을 때부터 지훈이는 신이 났다. 자기가 좋아하는 자전거를 같이 다룬다는 것 자체를 좋아한다. 그리고 지훈이가 잘 아는 자전거 아저씨한테 가는 것이니, 더 그럴 것이다.

예상대로 사장님은 반갑게 맞아주었다. 익숙한 손놀림으로 금방 고쳤다. 지훈이는 마치 자기가 고친 것처럼 으쓱댄다.

지훈이는 자전거 안장을 최대한 높여서 탄다. 자전거 타기는 지훈이한테 재밌는 놀이 가운데 하나다. (그림 황대익)

"사장님 최고지?"

나에게 알아달라는 듯이 물으며 '엄지척'을 한다.

"맞아, 사장님이 최고라니까."

울지 않는 아이

그런 지훈이가 하루는 얼굴과 팔뚝에 큰 상처가 나서 나타났다. 자전거를 타다 넘어졌다는 것이다. 그 말을 듣는 순간 나는 오싹했다.

'위험했을 텐데, 아팠을 텐데.'

그런 내 느낌과 달리 지훈이는 전혀 그런 내색을 하지 않는다. 이럴 때마다 나는 의문이 든다.

'얘는 아파하지 않나?'
'울지는 않았나?'
지훈이는 울지 않는다. 우는 걸 보지 못했다. 슬퍼하지도 않는다. 짜증내거나 화내는 적은 있지만 울거나 슬퍼하지는 않는다. 좋아서 크게 웃는 경우는 많다. 그런데 꽃이나 멋진 장면을 보고도 감동받지 않는다. 아무 반응이 없다. 그런 감정을 일으키는 신경계통에 이상이 있는 거라고 생각한다. 그렇지만 의문이 남는다.
'화내는 것도 감정인데, 그건 왜 남과 다르지 않지?'
화내는 건 생존에 필요한 의사소통 수단이라 그런가 하는 생각도 든다. 아름다움, 감동, 슬픔 같은 건 표현하지 못해도 죽고사는 건 아니지만, 좋고 싫음에 대한 의사표시의 하나로 화내는 건 꼭 필요한 건 아닌지... 정말 그런 건지 알 수는 없지만, 이런 생각을 하며 나는 지훈이의 짜증과 화를 이해하기도 한다.
'그래, 그게 너의 의사표시구나.'

가게도 내 거, 차도 내 거

지훈이는 집에서 50미터쯤 떨어진, 엄마가 하는 가게를 갈 때도 자전거를 타고 간다. 엄마는 중고 옷가게를 한다. 가게 이름이 '지훈이네'다. 그래서 지훈이는 그 가게가 자기 거라고 한다.

"이거 내 거예요~."

이런 얘기를 할 때 얼굴 표정이 참 밝다. 차도 자기 거라고 한다.

"이 차도 내 거예요."

그럼 나는 흥을 돋아준다.

"지훈이 차는 좋은 차구나. 아저씨 차는 낡았는데...."

그러면 지훈이는 조금 더 흥분한다. 차 버리고 새차 사라고 한다.

"지훈이가 새 거로 하나 사줘라."

여러 번 이렇게 말해보지만, 지훈이는 사준다는 말을 안 한다. 그냥 지나가는 말로 사준다고 호기를 부려볼 만도 한데, 절대 그렇게 말하지 않는다. 오히려 엄살을 부리거나 나를 혼낸다.

"나 돈 없어요~."

"아저씨가 사요~."

이런 얘기를 나눌 때마다 나는 지훈이한테 소유 개념이 있는 건지 없는 건지를 생각해본다. 있는 것 같기도 하고, 없는 것 같기도 하고, 통 모르겠다. 자전거는 꼭 자물쇠를 채운다. '내거'니까 남이 가져가지 못하게 잠그는 걸까? 아니면, 처음에 그렇게 인식돼서 몸에 밴 것일까? 옷가게와 차는 정말 자기 거라고 생각하는 걸까? 간판에 '지훈이네'라고 써있으니까 지훈이 거로 생각하는 걸까? 지훈이가 장애인이라서 차 살 때 장애인용으로 뽑은 걸 알아서 자기 거라고 하는 걸까?

이런 것들을 생각하면 소유 개념이 없는 것 같지는 않다. 그런데 가게에서 시도 때도 없이 커피 같은 걸 사서 만나는 사람들에게 막 나눠주는 걸 보면 아닌 것도 같다. 다른 사람을 만나 줄 게 없으면 전에 나한테 줬던 사탕을 그 사람에게 준다. 나한테 줬으니까 그건 자기가 함부로 할 수 없는, 지훈이 것이 아닌 갱구 거라는 개념이 없다. 그냥 그 자리에 있는 걸 준다는 생각인지, 아니면 처음에 자기가 줬던 거니까 자기가 다시 남한테 줄 수 있는 거라고 생각하는 건지 통 모르겠다.

지훈이한테 소유 개념이 어느 정도나 있는지는 정확하지 않지만, 비장애인과 비교하면 없다고 하는 게 맞다. 지훈이가 가장 많이 하는 행동은 물건을 다른 사람에게 주는 일이다. 아침에 눈뜨자마자 지훈이는 엄마한테 돈을 달라고 한다. 천 원 이천 원이 아니라 만 원이다. 집에서 가까운 아는 가게에 가서 지훈이는 깡통커피를 주로 산다. 그걸 만나는 사람들에게 나눠준다. 심지어 손님을 기다리느라 서 있는 택시 기사들에게도 준다.

그렇게 한바탕 돈쓰는 놀이(?)를 한 다음에 주간보호센터에 가거나 나를 만나 돌아다닌다. 센터에서 돌아오거나 나와 헤어진 후에도 한바탕 다시 돈쓰기 놀이를 한다. 그리고 아빠랑 차타고 돌아다니기 놀이도 한다. 이게 지훈이가 하루를 보내는 방식이었다.

돌봄농장은 가장 좋아하는 놀이터

어쩌다 장애인 친구들과 가족들이 여럿 모이는 돌봄농장에 가면 내가 돌보지 않아도 될 정도로 잘 논다. 여섯 살짜리 어린애와 특히 잘 논다. 손잡고 다니기도 하고 그 애를 번쩍 안아주기도 한다. 밥도 잘 먹는다. 고등학생 친구한테 핸드폰을 보며 뭔가 열심히 가르쳐 주기도 하고, 먹을 걸 나눠주기도 한다.

그렇게 지내던 지훈이가 언젠가부터 돈을 더 많이 달라고 했다. 아침에 만 원 정도면 됐는데, 삼만 원을 쓰고 심지어는 오만 원을 쓰기도 한다. 말로는 달래지지 않는다. 지난 30년 넘게 엄마 아빠를 봐와서 그런지, 엄마 아빠 말은 무서워하지 않는다.

'약을 더 세게 먹여야 하는 건가?'

이런 생각도 해보지만, 이게 옳은지 그른지 모를 일이다. 또 그런 결정은 내가 할 수 있는 게 아니다. 주간보호센터나 활동지원사인 나는 더 깊게 개입하기가 어렵다. 지훈이를 상당히 많은 시간 돌보지만, 이런 중요한 문제는 오롯이 부모 책임으로 남는 게 현실이다.

부모는 결국 지훈이를 병원에 보내기로 했다. 그 후로 병원에서 잘 지낸다는 말을 들었다. 그런데 '잘 지낸다'는 게 어떤 뜻일까?

알 수 없다. 어려운 일이다.

돌봄농장에서 6살 꼬마애 손을 잡고 농부 뒤를 따라가는 지훈이

4장
이러다 우리
해외영화제 가는 거 아녀?

공연 보러오세요

이러다 우리 해외영화제 가는 거 아녀?

내가 왜 이걸 하고 있지?

공연, 보러오세요

"공연, 보러오세요."

"언제 하는데?"

말을 잘 하지 않는 미선이가 공연을 보러오라고 한다. 며칠 전에 연습실에 물건 주러 갔다가 우연히 오케스트라 연습하는 걸 봤는데, 거기에 새벽이와 미선이도 당당히(?) 단원으로 끼어 연습하고 있었다.

지하 연습실 문을 살짝 열고 들어갔는데, 웅장한 소리가 들려왔다. 소리보다 나를 더 놀라게 한 건 많은 단원들이었다. 사회적농업과 특수교육지원센터가 이런저런 행사로 지원하는 음악모임은 단원이 많아야 일곱 명 정도인데, 그날 내가 본 단원은 마흔 명 정도 됐다.

새벽이를 돌보기 위해 새벽이 엄마도 뒤에 자리하고 있었는데, 새벽이 엄마는 문소리를 듣고 나를 알아봤다. 그런데 새벽이와 미선이는 연습에 열중하느라 뒤를 돌아보지 않았다.

'와, 이 친구들 오케스트라 매력에 흠뻑 빠졌구나.'

다른 단원들과 함께 연습에 집중하는 모습이 대견스러웠다. 이 친구들을 단원에 끼워준 지휘자도 고마웠다.

장애인 음악모임

우리가 장애인 음악모임을 시작한 건 재작년이다. 그 전에 우리는 장애인 가정들이 모여 농업회사법인을 만들었지만, 처음 계획한 것이 뜻대로 되지 않아 제대로 사업을 못 하고 있었다. 이런저런 사업구상으로 회의를 많이 했다. 만리장성까지는 아니어도, 우리 역량에 부치는 사업도 참 진지하게 검토하

지휘자가 연습실에서 새벽이에게 연주지도를 하고 있다. 악기를 배우거나 연주할 때 새벽이는 가장 태도가 바르고 행복해 보인다.

곤 했다. 그러던 중에 새벽이 엄마가 음악모임을 시작했다. 만리장성이 아닌 작게 내딛 첫걸음이었는데, 이게 우리 장애인 사업의 큰 흐름을 만들어 나가는 시작이 될 줄은 그때는 미처 몰랐다.

마침 강화읍에 '강화윈드오케스트라'에서 운영하는 연습실이 있고, 지휘자가 그곳에서 장애인 음악 지도를 해주기로 했다. 처음에 지희도 함께 했는데, 지희는 빠지는 날이 잦았다. 늦잠을 자서 못 일어났거나 몸이 안 좋아 빠지기도 하고, 다른 일이 있어서 못 오기도 했다. 그즈음 지희는 천식이 심해 길에서 쓰러져 병원에 실려 간 적도 있었다. 그런데 지휘자는 오히려 건강을 위해 악기 연습을 하는 게 좋다고 했다.

"관악기는 숨을 모아서 크게 불어야 하는 거잖아요. 연습을 많이 하면 폐활량이 좋아져요."

그렇게 폐활량이 좋아지면 천식에도 도움이 된다는 얘기였다. 악기를 다뤄본 적이 없는 나는 처음 듣는 얘기였다. 그 얘기를 지희한테 여러 번 해줬다. 늦잠 잤더라도 집에서 가까우니 오라고 권유했지만, 지희는 크게 호응하지 않았다. 그러다 지희는 아예 빠졌다.

나는 처음에 지희가 악기를 잘 못 다뤄서 흥미가 없는 건가 생각했다. 그렇게 생각하는 나에게 새벽이 엄마는 이렇게 말했다.

"잘 못 하는 건 미선이도 마찬가지예요."

4장 이러다 우리 해외영화제 가는 거 아녀? 157

사실 그랬다. 나는 연습시간에 계속 옆에서 구경했는데, 지휘자가 초보적인 것부터 하나하나 가르쳐 주었다. 쉬는 시간에 지휘자는 나한테도 배워보라고 했다. 소질이 없어서 안 된다는 내게, 지휘자는 꾸준히 연습하면 어느 정도 하게 된다고 설득했다. 나는 얼른 핑계를 바꿨다.

"아, 제가 꾸준히 연습할 여유가 없어요."

회사를 1년 넘게 운영하고 있었지만, 아직 제대로 자리잡지 못하고 있어서, 그게 나한테는 가장 큰 부담이었다. 그런데 만약 친한 친구들이 옆에 있었다면 아마 이렇게 놀렸을 것이다.

"넌 악기에 자신이 없는 거야!"

회사가 자리 잡으면 그때는 다른 거로 바쁘다고 할 거라면서 말이다.

악기에 자신이 없는 나는 옆에서 구경만 했는데, 새벽이 엄마와 장애인을 둔 다른 엄마들은 악기 연습을 하기 시작했다. 그렇게 1년이 지난 다음, 사람들 앞에서 공연을 할 기회들이 생겼다. 우리가 사회적농업을 하게 되면서 문화제를 열었고, 노인요양원과 초등학생 방과후 교실에서 작은 연주회를 기획했다. 특수교육센터의 고제헌 샘은 '장애인식 교육을 겸한 찾아가는 음악회'를 마련해 주었다. 초중학교의 장애인식 교육 시간에 우리 음악모임의 공연을 배치하고, 중간중간 장애인식 교육을 했다. 처음 공연은 코끼리 유치원에서 했다.

살아있는 큰 명함

전직 강화 경찰서장이 드럼 연주자인데, 드럼이 끼니까 분위기가 확 달라졌다. 새벽이는 시작하기 직전에 화장실에 가는 등 조금 어수선하게 했지만, 그 이상 딴짓을 하지는 않았다. 무대에 많이 서봐서 그런지 정작 연주를 할 때는 제법 의젓하게 했다.

고제헌 샘이 연주 사이에 장애인식 교육을 했다. 이럴 때 보통 무대에 있는 연주자들은 가만히 있어야 하는데, 새벽이는 그렇지 않았다. 일어섰다 앉았다 하는가 하면, 아이들한테 들릴 정도로 큰 소리로 "화장실 가요?" 하고 묻곤 했다.

이런 새벽이의 행동을 유치원 샘들은 조심스럽게 쳐다봤다. 아이들도 조금 술렁댔다. 그러나 더 이상 문제되지는 않았다. 새벽이도 분위기를 모르지 않는다. 자기 존재를 알리는 딱 그 정도만 한다. 어떤 면에서는 지능범이다. 조금만 더 하면 어른들이나 샘들이 혼낼 텐데, 혼낼까 말까 하는 아슬아슬한 선에서 줄타기를 한다. 얄미운 구석도 있다.

'그러니까 장애인이지.'

그런 새벽이를 보면서 나는 이렇게 생각하곤 한다. 한편으로 나에게는 그런 새벽이가 나의 '움직이는 큰 명함'인 면도 있다. 군청의 사회적농업 담당자한테 확실히 그랬다.

나는 새벽이의 돌봄활동사로서 내가 다니는 곳에 늘 데리고 다녔다. 사회적농업 교육을 받으러 오송에 갔을 때도 데리고 갔고, 홍성에 사회적농업 선진지 견학을 1박2일로 갈 때도 데리고 갔다. 불편하고 힘든 면도 있지만, 새벽이 같은 친구들을 돌보고 더 잘 돌볼 방법을 연구하기 위해 이런 일을 하는데, 굳이 안 데리고 다닐 이유가 없었다. 그리고 나를 상대하는 사람들은 내가 새벽이와 함께 있는 것을 당연하게 생각했다. 나아가 새벽이는 내가 어떤 사람인지를 알려주는 확실한 징표였다.

"쟤, 나갔는데 찾아봐야 하지 않아요?"

군청 사회적농업 담당자와 얘기하다가 새벽이가 복도로 나갔을 때 담당자가 한 말이다.

"괜찮습니다. 길 잃어버리지는 않아요."

군청 근처 읍내 중심지는 새벽이가 잘 아는 동네다. 그리고 새벽이를 마약처럼 끌어당기는 매력적인 문방구가 있는 곳이다.

"가도 아마 요 앞 알파문구에 갔을 겁니다."

나는 이렇게 담당자를 안심시켰다. 그러면서 나는 속으로 생각했다.

'이분이 이제 우리가 뭐 하려고 하는지 확실히 이해하겠지.'

군청 담당자에게 가장 중요한 것은 예산 집행과 보고가 잘 됐는지를 확인하는 것이다. 업체들에서는 담당자가 까다롭다고 불평한다. 회계와 보고 업무는 내 일이 아니었지만, 나는 담당자들과 우리 꿈을 나누고 싶었다. 회계가 잘 됐는지를 감시하는 역할에서 나아가, 사업을 더 잘 되게 하기 위해 협력하는 관계를 만들고 싶었다.

그래서 일부러 찾아가 문화제에 와달라고 하기도 하고, 사회적농업 토론회에 참석해 달라고 요청한 적도 있고, 그 내용을 담은 '강화시선'이라는 책을 전달하기도 했다. 우리가 만들고 싶은 네덜란드식 농장에 대한 정보를 설명하기도 하고, 지원만 받을 게 아니라 수익모델도 만들기 위해 궂은일이지만 곤충 사업을 시작할 거라는 설명도 했다. 그럴 때마다 늘 새벽이를 데리고 갔다.

그런데 새로 시작한 곤충 사업도 사회적농업 담당자의 업무였다. 강화에서 내가 처음으로 신청한 사업인데, 담당자는 자세하게 안내해 주었다.

곁을 내주는 아이들

연주가 끝나고 아이들이 뒤섞여 우왕좌왕할 때, 새벽이는 그 틈을 타서 아이들 틈에 낀다. 슬쩍 귀여운 아이들 곁으로 가곤 한다. 다른 곳에서라면 아이들이 놀라거나 새벽이로부터 멀어졌을 텐데, 여기서는 그렇지 않다. 그래도 무대에서 공연을 한 사람이라고, 처음 본 사람이고 덩치 큰 아저씨지만, 아이들은 곁을 내준다. 새벽이가 연예인은 아니지만, 지금 이 자리에서는 아이들에게 알려진 인물이라 경계심이 덜한 것이다.

강당을 나오면서 나는 고제헌 샘에게 말했다.

"교육을 재밌게 하시네요."

"특수교사잖아요."

고제헌 샘은 아무렇지 않다는 듯이 대답했다. 나는 궁금한 걸 물어봤다.

"아이들이 잘 따라주네요?"

시작하기 전에, 나는 꼬마 애들한테 장애인식 교육을 어떻게 할지, 애들이 말을 잘 들을지 궁금했다. 그런데 공연과 영상 그리고 선물이 있어서인지, 실제로는 수업 분위기가 생각보다 좋아서 물어본 거였다.

"유치원 애들이 말을 제일 잘 들어요. 그래서 힘들지만 유치원 샘들이 견디는 거예요."

"하아, 그렇군요."

다음은 길상초등학교에서 했다. 연주가 끝나고 6학년 학생들이 반별로 사진을 찍었다. 새벽이는 이번에도 아이들 틈으로 가까이 갔다. 학생들은 놀라지는 않고, 그냥 새벽이를 빼고 자기들끼리 사진을 찍었다. 한 무리 아이들은 그런 새벽이가 안쓰러웠던지, 아니면 연주자를 높이 봐줘서인지, 같이 사진을 찍어줬다.

이때 새벽이 입꼬리가 살짝 올라가고, 양 볼은 탱탱해졌다. 양손은 승리의 브이(V) 자를 표시했다. 그렇다고 그 사진을 새벽이와 공유할 것도 아니다. 새벽이는 사진이 필요한 게 아니라, 자기를 끼워줄 무리가 필요한 것이다.

'음, 한 건 했어!'

새벽이는 속으로 이렇게 생각했을 것이다.

끝나고 근처 식당에서 점심을 같이 먹었다. 새벽이와 미선이도 다른 연주자들과 함께 식사를 했다. 늘 하던 대로 새벽이는 음식 고를 때 작은 실랑이를 하고, 먼저 먹은 다음 식당 밖으로 나갔다.

이런 음악놀이와 함께 또 하루 시간이 간다. 그리고 교육청에서는 새벽이와 미선이한테도 적은 금액이지만 출연료를 줬다. 미선이한테는 짭짤한 용돈이었을 것이다. 돈 개념이 부족한 새벽이는 활동비보다 무대에 서서 으스대는 놀이, 여럿이 같이 밥 먹는 놀이가 더 재밌었을 것이다. 그런 놀이를 여러 학교에서 했다. 그러면서 새벽이와 미선이의 실력도 늘어갔다.

용감하게 시도한 공연

학교에서 하는 공연 전에, 우리는 새벽이와 미선이를 요양원에서 연주하게 했다. 새벽이는 전에 장애인 오케스트라 활동을 해서 무대에 서본 적이 많다. 그러나 미선이는 그게 첫 연주였다. 연습이 부족해서 안 하겠다고 빼는 미선이를 나는 이런저런 말로 설득해서 데리고 갔다.

관중은 강화재가복지센터에 있는 할머니 할아버지들이다. 음악모임에서는 여럿이 같이 연습하지만, 따로 둘이 연습한 것이 없어서 각자 하기로 했다. 먼저 새벽이가 연주를 했다. 새벽이가 연주하는 동안 미선이는 창가에서 새벽이를 조심스럽게 바라봤다.

'혼자 무대에 서는 건 처음일텐데, 잘 할까?'

예상대로 실수가 많았다. 삑사리도 몇 번 나고, 음악을 잘 모르는 내가 들어도 음정과 박자가 여러 번 틀렸다. 미선이와 관중을 번갈아 바라보는 내가 초조했다. 가장 큰 걱정은 중간에 그만두는 거였다. 다행히 미선이는 힘들게 끝까지 연주했다. 한숨을 쉰 다음, 나머지 한 곡도 마저 연주했다.

나는 안도의 한숨을 쉬었다. 별 격식도 없고, 그냥 장애인 친구 두 명이 와서 평범한 연주를 한 거였다. 듣는 할머니 할아버지들은 별 반응이 없었다. 별로 신나 보이지 않았다.

'고제헌 샘이 이걸 준비했더라면….'

학교 공연과 장애인식 교육을 잘 연결해서 진행한 고제헌 샘 생각이 났다. 그러면 좀 더 즐거운 자리가 됐을 텐데 하는 생각이 들었다.

'의욕만 앞서고, 전문성과 준비성이 부족한 갱구, 하는 게 늘 그렇지 뭐.'

막내 보리가 같이 있었으면 분명 이렇게 빈정댔을 것이다. 사회복지사인 김영재 후배가 한 말도 떠올랐다.

"형님 참 용감하셔요. 우리 사회복지사들은 이렇게 못 해요."

영화모임에서 촬영하려고 1주일 동안 합숙할 때, 첫날 지훈이가 사라진 사고를 수습하고 한 말이었다.

사회복지사가 안 하는 새로운 일

사건은 이랬다. 미선이가 아프다고 집에 두고 온 약을 갖다 달라고 했다. 1주일 먹을 찬거리를 살 겸해서 나는 지희와 새벽이를 데리고 같이 나갔다. 미선이네 집에서 약을 받고, 하나로마트에서 장을 보고 있는데, 보조감독인 인섭 씨한테서 전화가 왔다. 다급한 목소리였다.

"미선씨가 너무 아프다고 해서 응급실에 가봐야겠어요!"

나는 그러라고 했다. 장을 다 보고 출발하려고 하는데, 이번에는 영재 후배한테서 전화가 왔다. 더 다급한 목소리였다.

"형님, 지훈이가 없어졌어요!"

"뭐라고?"

깜짝 놀랐다. 나는 어떻게 대처할지를 몰라 말을 못하고 있었다. 영재 후배가 오히려 나에게 지시했다.

"형님, 일단 부모님께 연락드려서 경찰에 신고해 달라고 하세요. 저는 숙소 근처를 더 찾아볼게요."

걱정이 밀려왔다. '첫날부터 이게 뭐지?' 하는 푸념도 밀려

왔다. 호흡을 가다듬고 지훈이 아버님께 전화해서 사정을 말씀드렸다. 그런데 아버님은 이런 일을 많이 경험해서 그런지 전혀 놀라지 않았다.

다행히 우리가 숙소에 도착하기 전에 영재 후배가 지훈이를 찾았다. 숙소에서 멀지 않은 곳에서 길을 헤매고 있는 지훈이를 찾았는데, 어두운 밤길에서 넘어져 무릎만 조금 다쳤을 뿐이었다.

"제가 숙소에 오니까 원종이가 눈이 동그래져서 안절부절 못하더라고요."

영재 씨 얘기에 이어, 원종이가 지훈이가 없어진 얘기를, 늘 하던 대로 더듬는 말투로 천천히 했다.

"나 샤워할 테니까, 여기 가만히 있어! 이렇게 말했어요."

그런데 샤워를 마치고 나오니 지훈이가 없더란다. 마침 그때 영재 씨가 숙소에 온 거였다. 만약 영재 씨가 도착하지 않았더라면, 원종이가 어떤 돌출행동을 했을지 알 수 없다.

"그런데 지훈이는 왜 혼자 밖으로 나갔지?"

내 말에 장애인을 오랫동안 돌봐왔던 영재 씨는 분명한 말투로 대답했다.

"아무도 안 보이고 어두워졌으니, 집에 가야 한다고 생각한 거죠."

나는 말없이 고개를 끄덕였다. 그럴 것 같았다. 그나마 참 다행이다.

'아 참, 아버님께 찾았다고 전화해야지.'

아버님은 지훈이를 찾았다는 말에도 무덤덤하게 받았다. 이런 정도 사고는 수없이 겪어봐서 차분하신 건가 하는 생각이 들었다. 하긴 마음 조린 일들이 무척 많았을 것이다.

이 일을 겪고 나중에 영재 후배가 나더러 용감하다고 했다. 그건 칭찬이 아니라, 그러다 사고 나면 어떻게 할 거냐는 지적이자 충고였다. 그런데 영재 후배는 마지막에 이렇게 말했다.

"그래서 사회복지사는 새로운 일을 못 벌여요."

작지만 쉽지 않은 도전

내가 그때 연주해 보라고 하지 않았더라면, 미선이는 끝내 무대에 혼자 설 엄두를 내지 않았을지도 모른다. 어설프고 실수할 수도 있었지만, 그날 경험을 한 다음 미선이는 좀 더 나아졌다. 이번에는 꿈공작소 아이들을 상대로 연주하기로 했다. 미선이가 연주하는 장면을 황대익 화가와 아이들이 그리게 하고, 화가가 아이들에게 그림에 대해 가벼운 조언을 해주기로 한 행사였다.

이 행사는 김은회 소장과 대화를 여러 번 하고 준비한 행사다. 나는 미선이한테 행사 내용을 얘기해 주고 설득해서 데리고 갔다. 황 화가한테는 사회적농업 취지를 설명해 주고 도와달라고 했다. 진짜 준비는 김 소장이 했다. 어떤 아이들을 대상으로 하는 게 어울릴 건지, 아이들에게도 여러 악기를 조금씩 흉내 내보라고 하는 것 등을 김 소장은 세심하게 검토하고, 나와 협의했다. 교육학 전공자이고 아이들 교육을 책임지는 사람이라 역시 달랐다.

미선이는 요양원 때보다 훨씬 연주를 잘했다. 천천히 아이들에게 자신을 소개했다.

'뭐야, 모임에서 수업할 때는 말 되게 안 하더니….'

평소 보던 모습과 많이 달랐다. 자신이 주인공이 되어 주도해야 하는 자리라서 그런 것도 같았다. 말을 통 안 하던 그 전의 미선이와 달리, 그날 차분하게 자기 얘기를 하는 미선이는 전혀 다른 사람이었다. 미선이는 나중에 황 화가가 그린, 연주하는 모습의 자기 초상화도 만족스러워했다.

'용감한 갱구, 한 건 했다!'

오케스트라 참여

"윈드오케스트라 공연한다더라."

나는 내 뒤를 이어 새벽이를 돌보는 철준이에게 미선이 얘기를 하며 같이 구경가자고 했다.

철준이는 자기도 간다고 대답했다. 그러면서 자기도 단원이라고 했다.

"그래! 언제부터?"

미선이가 포함된 강화윈드오케스트라 정기연주회가 강화문예회관에서 열렸다. 미선이는 이제 많은 사람들 앞에 서도 별로 긴장하지 않는 것 같다.

"새벽이 형 돌보느라 옆에 있는데, 지휘자 샘이 저더러도 해 보라고 하더라고요. 저는 북 쳐요."

음악과 미술을 좋아하기도 하고 재능도 있는 철준이는 쉽게 합류했다. 좋아 보였다. 장애인 엄마 몇 사람도 같이한다고 했다. 아는 사람들이 오케스트라에 같이 참여해서 새벽이와 미선이가 마음이 편할 것 같았다.

'그래서 자신 있게 공연 보러 오라고 한 걸까?'

음악모임을 한 지 3년째다. 지휘자 샘이 아주 초보적인 것부터 가르쳤는데, 사람들 앞에서 혼자 연주도 해봤고, 예닐곱 명이 함께 공연도 많이 해봤다. 이제 마흔 명 넘는 오케스트라 단원이 되어, 문예회관 큰 무대에서 공연을 한다. 그 사이 미선이는 말도 훨씬 많아졌고, 표정도 많이 밝아졌다.

'일거리가 있으면 더 좋을 텐데….'

그런 생각을 하며 나는 스스로 다짐한다.

'곤충 사업 성공시키자. 얘들이 꾸준히 할 수 있는 일자리를 만들어 보는 거야.'

이런 생각을 하며 나는 철준이를 다시 바라봤다. 남들은 도시로 나가는데, 도시 일 하다 이곳에 와서 우리랑 같이 궂은일을 하는 철준이가 늠름해 보였다.

"그날 꽃다발 여러 개 준비해야겠네?"

철준이는 웃기만 했다. 나는 혼잣말처럼 말했다.

"꽃다발은 흔하지. 더 재밌는 걸 생각해 봐야지."

이러다 해외영화제 가는 거 아녀?

"우리 영화가 대상 받는다네요."

문 감독의 전화를 받으며 나는 기쁘기도 하고 놀랍기도 했다. 패럴스마트폰 영화제에 출품하려고 만든 작품을 용인 장애인 영화제에서도 보내 달라고 해서 보냈는데, 그 영화제에서 연락을 받았다는 것이었다. 그런데 이런 말을 들으면서 나는, '오, 그래요? 정말 좋은 일이네요.' 이런 식의 평범한 반응을 보이기는 싫었다.

"상 받는 대상자라는 건가요?"

진지한 문 감독은 내 장난을 친절한 설명으로 받았다.

"수상 대상자가 아니라, 최고상이랍니다."

"어릴 때 삼세판이란 말을 많이 썼는데, 정말 세 번 만에 성과를 냈네요. 감독님이 애쓴 덕입니다."

늘 그런 것처럼, 나의 칭찬을 문 감독은 겸손하게 응대했다.

"이번에 다들 애썼어요. 내년에는 다른 영화제에도 더 출품해봐야겠어요."

영화모임 친구들이 이 소식을 들으면 얼마나 좋아할까 생각하니 저절로 흐뭇해졌다. 지난주에 영화제 사무국에서 우리 작품이 여자배우상을 받게 됐다는 전화를 했을 때도 뜻밖이었는데, 오늘 소식은 더 멋진 소식이다. 그때 나는 영화모임 단톡에 이렇게 썼다.

'제비 한 마리 날아왔어요.'

그럼 이번에는 뭐라고 쓰지?

'제비떼가 날아왔어요.' 아니면 '제비 새끼가 태어났어요.'

전화를 끊고 이런저런 생각을 하는데, 힘들었던 지난 영화제 때 모습과 문 감독의 말이 영화 장면들처럼 스쳐 지나갔다.

기대하지 말자

강화에서 새벽이, 미선이, 지희를 태우고 출발해, 양촌 근처에서 원종이를 태웠다. 한강 노들섬 행사장까지 가는 동안, 가벼운 설렘이 우리를 감쌌다. 라디오에서 나오는 음악을 들으며, 1년 전 영화제 때 기대했다가 겨우 참가상만 받았던 허탈함을 떠올렸다.

그때 더 허탈했던 건 처음이라 기대가 컸고, 참가상을 여러 팀들이 받을 때 우리 팀이 대표로 올라가 상을 받았기 때문이었다. 진행요원이 나를 찾아와 그 얘기를 했을 때, 다들 참가상 말고 더 큰 상도 있을 거라고 기대했다. 그런데 나중에 생각해 보니, 우리 팀이 선택된 건 행사장에 온 우리 팀 인원이 많아서인 것 같았다. 게다가 다른 더 큰 상을 안 받을 팀 중에서 고르려다 보니, 우리 팀이 선택된 것 같았다.

"기대하지 말자고요."

미선이가 시큰둥하게 말했다. 마치 복창하듯이, 조금 있다가 원종이가 또 말했다. 그렇지만 내 머릿속에서는 상을 받으면 좋겠다는 생각이 계속 맴돌았다. 나만 욕심쟁이인가 하는 생각도 들었다. 그러다가 이런 생각도 들었다.

'이 친구들도 상 받고 싶겠지. 말은 이렇게 해도…'

노들섬 가운데를 한강대교가 지나가고, 행사장이 있는 동쪽과 식당과 공원이 있는 서쪽은 육교로 연결돼 있다. 주변 건물과 한강 그리고 섬의 공원과 식당들 모두 아름다웠다. 우리는 서쪽 식당에서 통닭을 사먹고, 공원 구경을 하며 사진도 찍었다. 나한테는 모처럼 한가한 시간이었다.

시상식 첫머리에서 우리는 참가상을 받았다. 작품을 낸 모든 팀들이 받는 상이었다. 이어서 쭈욱 이러저러한 상을 받는데, 계속 우리는 불려지지 않았다. 친구들의 표정이 굳어졌다. 체념하는 말들이 나왔다.

"우리 영화는 너무 어려운가 봐요."

"이 영화제는 우리하고 스타일이 다른 것 같아요."

더 심한 말도 나왔다.

"오지 말자고 했잖아요. 이제 오기 싫어요!"

중간에 나가자는 친구도 있었지만, 좀 더 있어 보자며 설득해서 결국 끝까지 자리를 지켰다. 말 그대로 자리를 지키기만 했다. 그리고 허탈하게 일어나 다시 강화로 돌아왔다. 오는 내내 영화제 평을 이어갔다. 이제 이 영화제는 참여하지 말자는 결론이 대세였다.

여운이 남는 영화

"상 받은 다른 영화랑 우리 영화가 어떻게 다른지 얘기해 봅시다." 문 감독은 상 받은 다른 영화들을 보여주면서 친구들에게 느낌을 물었다.

"다른 팀들은 연기를 잘 하는 사람들이 있었어요."

맞는 말이기도 하다. 우리 팀 친구들은 모두 발달장애가 있다. 그런데 몇몇 상 받은 팀들은 신체장애자들이 중요한 역할을 맡았다. 그런 사람들은 연기와 대사에 별 장애가 없었을 것이다. 그에 비하면 우리 팀 친구들은 연기력도 부족하고, 자연스럽게 말하는 것도 어렵다. 그런데도 어찌어찌 영화를 완성한 건 대단한 일이다.

"전문가가 많이 손봐준 거 같아요."

우리 작품도 문 감독의 손길이 닿았다. 그렇지만 문 감독은 최대한 자기가 손대는 걸 절제하는 것 같았다. 대사를 만들 때도 여러 번 우리 친구들이 직접 해보도록 했다. 당연히 대사

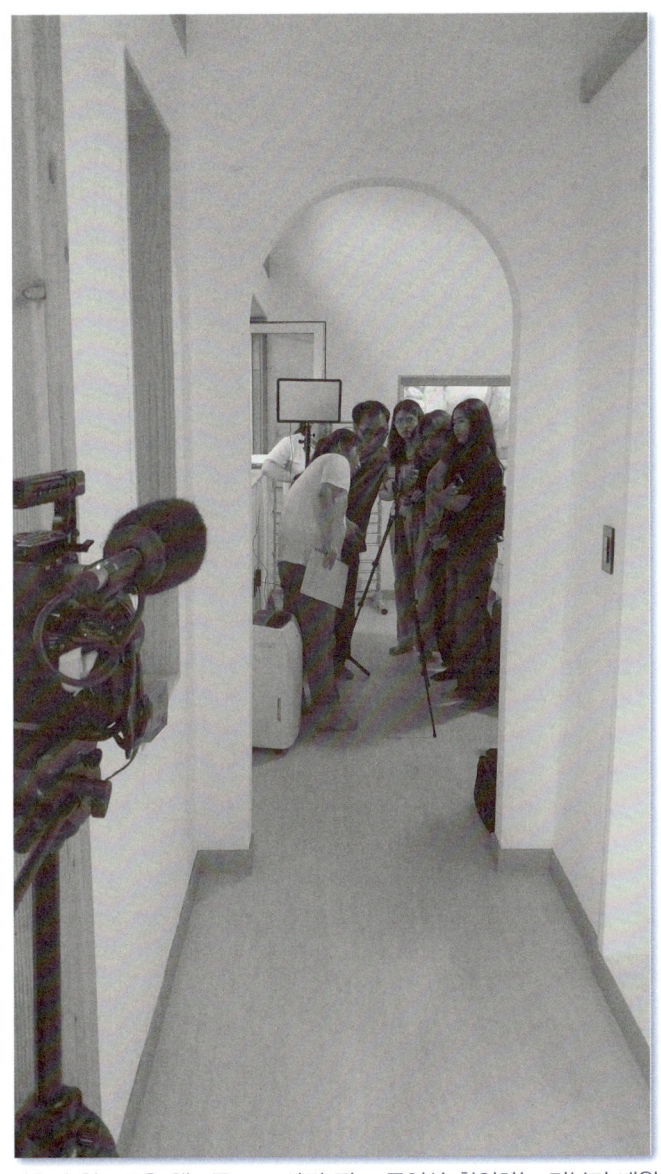

처음에 친구들은 핸드폰으로 사진 찍고 동영상 촬영하는 것부터 배웠다. 3년째인 지금은 촬영에 제법 맛을 들였다.

가 짧을 수밖에 없고, 그 짧은 대사도 여러 번 찍어야 했다.

"고소하고 담백한 맛이 참 좋아요."

희원 씨가 했던 이 대사를 찍고 또 찍었다. 그때는 현역 영화배우가 와서 촬영현장에서 연기지도를 해주기도 했다. 나는 그런 장면을 옆에서 볼 때마다 조금 조마조마했다. 여러 사람이 보는 앞에서 별것도 아닌 것을 자꾸 다시 하게 하는 게 쑥스럽기도 하고 자존심 상하는 것일 수도 있기 때문이다. '이제 안 할래요'하고 삐칠 것도 같았는데, 지난 3년 동안 그런 일은 한 번도 없었다.

'왜지?'

'영화 찍는 게 재밌나? 여러사람들과 함께 있는 게 즐거운가?'

문 감독은 촬영 각도와 배경도 여러 번 해보도록 했다.

"식사 장면이 다 나오게 하려면 어디에서 찍어야 하지?"

"원종이 아버님이 말씀하시는 건 얼굴이 크게 나와야 관객들이 잘 이해하지 않을까?"

문 감독은 이런 제안과 조언을 늘 차분하게 했다. 지난 3년 동안 모두 다 한 번도 큰소리치거나 짜증내지 않았다. 새벽이나 지훈이가 딴짓하는 걸 제지할 때 빼고는. 다른 상 받은 영화와 우리 영화의 차이점을 얘기한 것 중에 가장 와닿았던 건 작품 내용의 흐름이었다.

"그 작품들은 결과가 뻔했어요."

"맞아요. 그 부분이 크게 다른 것 같아요."

문 감독이 말을 받아주면서 설명을 이어나갔다.

"돌아가신 어머님의 생일을 소재로 한 영화, 어떤 결말로 이어질지 예측이 되죠?"

문 감독은, 관객들이 각자 다양한 해석을 하도록 하는 영화가 좋은 영화라고 했다. 누가 봐도 결론이 뻔하고, 누구에게나 비슷한 느낌을 주는 영화는 여운이 오래 가지 않는다고 했다. 그런 문 감독의 설명을 들으며 나는, 이십여 년 전 글쓰기 모임에서 내 글을 읽고 느낌을 얘기했던 어떤 소설가의 말이 떠올랐다.

"끝부분에, 가르치려는 대목이 있어요."

읽는 이가 자연스럽게 상황에 빠져들게 하고, 스스로 느끼게 하는 게 좋다는 것이다. 해석의 여지를 남기자는 건데, 그건 애매하게 하자는 것이 아니다. 세상에는 단 하나의 답만 있는 게 아니니, 글쓴이의 답을 독자에게 강요하지 말자는 것이다.

문 감독의 설명을 들으며 나는 '예술작품의 원리는 통하는구나' 하는 느낌을 받았다. 그건 예술만이 아닐 것이다. 사람 관계 역시 그렇다. 나의 답을 상대에게 강요할 때 관계는 힘들어진다. 나의 의견은 있되, 그것이 상대에게 참고자료가 되게 하는 것이 좋은 것이다.

그런 기준으로 나는 우리 영화를 생각해 봤다. 우리 영화는 결과가 뻔하지도 않고, 권선징악(勸善懲惡)처럼 교훈을 강요하는 영화는 더욱 아니다. 그건 확실하다.

'그런데 뭔 말을 한 거지?'

'이것저것 그냥 어수선하게 늘어놓기만 한 건 아닐까?'

이런 의문이 들었지만, 나는 이 얘기는 하지 않았다.

이런 얘기를 나누며 두 번째 영화제 참가한 소감은 정리됐다. 다음에는 그 영화제에 나가지 말자는 주장은 조금 누그러졌다. 문 감독 역시 참가할 것인지, 안 할 것인지를 결론짓지 않았다. 다만 우리 영화를 알아줄 영화제가 있을 거라는 얘기를 했다. 그리고 계속 더 영화를 만들어 보자고 했다.

이즈음 문 감독은 내게 이런 얘기를 했다.

"3년쯤 하면, 친구들이 영화의 재미를 느낄 겁니다."

나는 별생각 없이 그 말을 들었다.

그런데 3년째 출품한 올해 작품이 큰상을 받았다. 세 번째다. 전화를 받으면서, 올 초에 들은 '3년쯤'이 생각났다. 그러면서 '3년쯤'과 '세 번째'의 미묘한 차이가 가물가물하게 느껴졌다.

아직도 부모랑 같이 살아요?

두 번째도 참가상만 받은 실망감을 문 감독은 새로운 작업을 통해 풀어나갔다. 다음 작품을 어떻게 만들 것인지 하는 토론을 일찍 시작했다.

"우리가 하려는 얘기는 뭐죠?"

너무도 당연한 이 얘기를 문 감독은 또 했다. 첫 번째와 두 번째 작품을 떠올리면서 영화를 통해 하고 싶은 얘기를 다시 되짚었다.

"자립이요!"

원종이가 먼저 대답했다. 원종이가 그걸 가장 원했다. 두 번의 영화가 무슨 얘기를 하려는지 잘 이해되지 않는 면도 있는데, 그 바탕에는 '자립'이라는 주제가 깔려 있다. 가족 특히 부모로부터 자립해서 살아야 한다는 생각을 하고 있지만, 실제는 그렇게 하지 못하는 자신들의 심정을 표현한 것이었다. 딱 부러지게 논리 전개를 하지는 못했는데, 그게 어쩌면 우리 친구들의 마음 상태를 나타낸 것인지도 모른다.

자립해서 살고 싶고, 자립할 수 있다고 말한다. 그렇지만 부모가 놓아주지 않아서 못한다고 한다. 그런데 정말 그럴까? 지난해 가을 나는 특수교육센터의 고제헌 샘한테 영화모임 친구들 얘기, 특히 원종이가 자립을 간절히 원한다는 얘기를 했다. 고제헌 샘은 자립생활지원센터라는 기관 얘기를 했다. 처음 들어보는 것이었다. 강화에는 없지만, 김포에는 몇 곳 있다면서, 그곳 담당자 전화번호를 알려줬다.

'그렇구나. 이런 데를 활용하면 좋겠네.'

같이 가볼 여유가 없어, 내가 미리 전화로 그곳 사정을 물어봤다. 1년 동안 몇몇이 같이 사는 걸 지원하고, 혼자 살아도 될 것 같다는 판단이 서면 임대주택을 소개해 준다고 했다. 비용은 전혀 들지 않고, 오히려 돈을 벌 수 있다고 알려줬다. 그곳에서 운영하는 배움터가 있는데, 거기에 다니면서 공부를 하면 월급을 준다고 했다.

"예! 공부하는데 돈까지 줘요?'

말이 안 된다고 생각하는 내게 그 담당자는 이렇게 설명했다.

"장애인들이 배울 기회가 많지 않잖아요. 그래서 공부할 수 있게 하는 제도입니다. 하루에 대여섯 시간 공부하고 두어 시간 정도는 사회활동을 합니다."

"와, 참 좋은 제도네요."

자세히 묻지 못했는데, 사회활동이란 건 장애인식 개선 캠페인 같은 거라고 짐작됐다. 그리고 이 소식을 기쁜 마음으로 원종이한테 전했다. 그런데 원종이는 나만큼 좋아하는 기색이 아니었다. 왜 그런지 잘 이해되지 않았다.

'원한다고는 하지만 변화를 두려워하는 걸까?'

나는 차분하게 설명을 해주고, 일단 한번 가보라고 권했다. 혼자는 갈 마음이 안들 것 같아서, 그즈음 보조감독으로 일하는 대학생 청년과 같이 가라고 했다. 그리고 다음 모임 때 그 얘기부터 물어봤는데, 원종이 대답이 신통치 않다.

"방 3개인 아파트에서 여럿이 같이 사는 거더라고요."

'이 얘기는 내가 미리 해준 건데?'

원종이가 썩 내켜하지 않는 것을 느끼면서 계속 물어봤다. 원종이는 처음부터 혼자 사는 걸 원한다고 했다. 거기서 같이 살아보면서 1년 다 채우지 않고 일찍 임대주택으로 갈 수도 있지 않느냐, 원종이가 혼자 살아도 문제가 없다는 걸 그쪽 분들에게 보여주면 그렇게 해주지 않겠느냐 하는 얘기를 해봤지만, 원종이는 고개를 흔들기만 했다. 그런 원종이 태도를 보며 나는 '하나하나 손잡고 가야 하는 거지' 하는 생각을 했다. 그냥 말로만 이래라저래라 해서는 원종이가 달라지지 않겠다는 느낌을 받았다. 그런데 한편으로는 이런 생각이 들었다.

'자신이 없구나!'

혼자 살고 싶고, 살 수 있다고 말하지만, 정작 그럴 자신이 없는 것이다. 그건 새로운 길에 대한 두려움이다. 놓아주지 않는 부모 탓을 하지만, 본인이 정말로 간절히 원하고 강력하게 밀어붙이지 못하는 것이다. 이런 마음 상태가 영화에서도 거의 그대로 나타난 것이다. 그리고 새로 만들 영화에서도 또 그 얘기를 해보자고 한다. 하고 싶고, 해야만 하는 거다. 나는 영화로라도 자꾸 해보면서 익숙해질 수 있다는 생각을 했다.

이런저런 생각과 토의를 거쳐 실제로 자립생활을 하는 사례를 찾아보기로 했다. 그런 곳을 찾아다니며 찍은 내용을 영화로 편집할 수도 있다고 얘기했다. 그래서 처음 가보기로 한 곳은 인천 동구 화수동에 있는 안녕마을놀이터였다.

  김태완 회장은 우리 친구들의 나이를 물어봤다. 그러더니 대뜸 이렇게 말했다.

  "아니, 아직도 부모님이랑 같이 살아요?"

  친구들은 할 말을 잃었다.

  "부모들이 간섭을 얼마나 많이 해요. 귀찮지도 않아요? 재미도 없고."

  김 회장의 논리는 이런 것이다. 다 큰 자식과 부모가 같이 살면 부모가 힘든 게 아니라, 자식들이 더 힘들고 재미없다는 것이다. 자기 하고 싶은 대로 하지 못하고, 계속 잔소리 들으며 살아야 한다는 것이다. 자신은 그래서 발달장애인인 두 쌍둥이 아들을 자립시키려고 했는데, 임대주택을 한 채밖에 못 구해서 현재는 큰 아들만 자립시켰다고 했다. 그리고 그 집으로 우리를 안내했다.

  화장실과 거실 겸 주방이 있는 단촐한 집이지만, 깔끔하게 정리돼 있었다. 처음에는 몇 번 소동이 있었다고 한다. 전기가 나가서 한전이랑 관리사무실에 연락하느라 힘든 적도 있었고, 화재 경보가 울려서 난리가 난 적도 있었다고 한다. 수돗물이 새서 고치기도 했다고 한다. 이제는 관리사무실이나 이웃들이 잘 돌봐줘서 큰 걱정은 없다고 한다. 그러면서 자동건조기 사 준 얘기를 했다.

"우리 애는 하루만 지나면 빨래를 걷어야 한다고 생각해요. 그런데 습한 날은 하루가 지나도 안 마르잖아요. 만져보고 마른 것만 개라고 해도 안 돼요."

그래서 옷에 곰팡이가 생기기도 했다고 한다. 가끔 김 회장이 가서 그런 걸 챙겨줬다. 그런데 어느날 친구에게 그런 하소연을 하니까, 친구는 아무렇지도 않게 "빨래건조기 사줘" 하더란다. 그래서 그걸 사줬더니 이제 그런 걱정 없이 잘 산다고 한다.

"이제 내가 여기 오는 걸 싫어해요. 간섭받는다고 생각하는 거죠. 그리고 내가 뭘 만지면 뭐라고 해요. 왜 자기 허락도 없이 만지냐고."

그 얘기를 들으며 김 회장과 우리 모두 웃었다. 김 회장이 이 얘기를 하는 건, 그만큼 아들이 혼자 사는 재미를 느낀다는 것이다. 그러니 우리 친구들도 빨리 자립하라는 뜻이었다.

인천 나들이는 친구들 특히 원종이에게 신선한 충격이었다. 그러나 이런 것만으로 우리 친구들이 다부지게 자립할 생각을 하지 못할 거라고 본다. 경험과 생각이 더 많이 쌓여야 하고 여건도 마련돼야 할 것이다. 영화모임이 그런 걸 푸는 한 창구가 되면 좋겠다.

서당길 3년

지난해에 이어 올해도 문화제를 했다. 영화모임에서 만든 영화를 올해도 행사 마지막에 상영하기로 했다. 나는 이것도 찍자고 했다. 그래서 원종이, 미선이, 지희, 이렇게 셋이 찍기로 했다. 문 감독이 친구들에게 도구를 맡기고, 행사만이 아니라 행사 준비과정까지 찍자고 했다.

오전에 비가 오락가락해서 나와 진행요원들은 몸과 마음이 바빴다. 비를 맞으며 천막을 치고, 파렛트를 옮기고, 의자와 탁자를 나르고, 합판을 사오는 일 등을 하며 행사준비를 했다. 친구들은 카메라를 들고 셋이 함께 다니며 찍었다. 그런데 대충하는 것 같았다.

'제대로 하고 있나…'

간섭하고 싶었지만, 간섭할 여유가 없었다. 여유가 있다 해도 제대로 간섭하지 못했을 것이다. 촬영은 나보다 그들이 더 잘하는 거니까. 해본들, '열심히 해!' 하는 정도 쓸데없는 간섭이었을 것이다.

행사 전에 비가 그쳤지만, 사회자는 정해진 시간이 됐는데도 시작하지 않았다. 나는 늦어지면 너무 어두워지고 추워지기까지 하니 서둘러 시작하자고 했지만, 사회자는 비 때문에 출연진들에게 문자를 보낸 게 있어서 조금 더 기다려야 한다고 했다. 결국, 끝날 무렵에는 꽤 어두워졌다. 다행히 심하지 않아 행사는 큰 무리 없이 마무리됐다.

청소까지 다 마치고 우리는 온수리에 있는 아는 식당(대선정)에 갔다. 들어가는데 주방 앞에 우리 행사 안내장에 붙어 있었다. 기분이 좋았다.

"어! 이걸 붙여놓으셨네요?"

주인은 미소만 지었다.

우리는 자리에 앉자마자 문화제 얘기를 늘어놓았다. 처음에는 비 때문에 걱정했는데, 행사 전에 비가 그쳐서 행사도 잘 됐다. 지난해보다 사람들도 훨씬 많이 왔고, 내용도 좋았다. 연극이 끝난 뒤, 프로는 텅 빈 무대를 보며 허탈해한다지만, 아마추어인 우리는 마냥 기분이 좋았다. 이런저런 얘기 끝에, 끝날 무렵 어두워진 게 흠이라는 말이 나왔다. 그러자 지희가 곧바로 받았다.

"맞아요. 조명이 없어서 화면이 까맸어요."

이어서 카메라 책임자인 미선이가 말을 이었다.

"렌즈를 아무리 조절해도 안 보였어요."

원종이도 거들었다.

"조명도 준비했어야죠."

3인 3색인 이 친구들 셋이 이렇게 입을 맞춘 듯이 얘기한 적은 없었다. 그것도 말이 끝나자마자 바로바로 이어서 말이다. 특히 미선이는 어지간하면 말을 잘 안 하는데 말이다.

'얘들이 말문이 트였나?'

나중에 영화모임에서 그날 촬영본을 본 문 감독이 내게 말했다.

"잘 찍었던데요."

나는 그때 느낌이 왔다.

'아, 이 친구들이 진지하게 촬영했구나.'

촬영에 집중한 것이다. 다른 때 같았으면, 다른 사람 눈치 보느라 말을 조심스럽게 했을 텐데, 자신들의 일에 집중한 나머지 그런 눈치 볼 일이 없었던 것이리라. 자기 일을 신나게 얘기하는 모습이 보기 좋았다.

서당길 3년이라더니….

'3년쯤'이란 말이 이런 거구나.

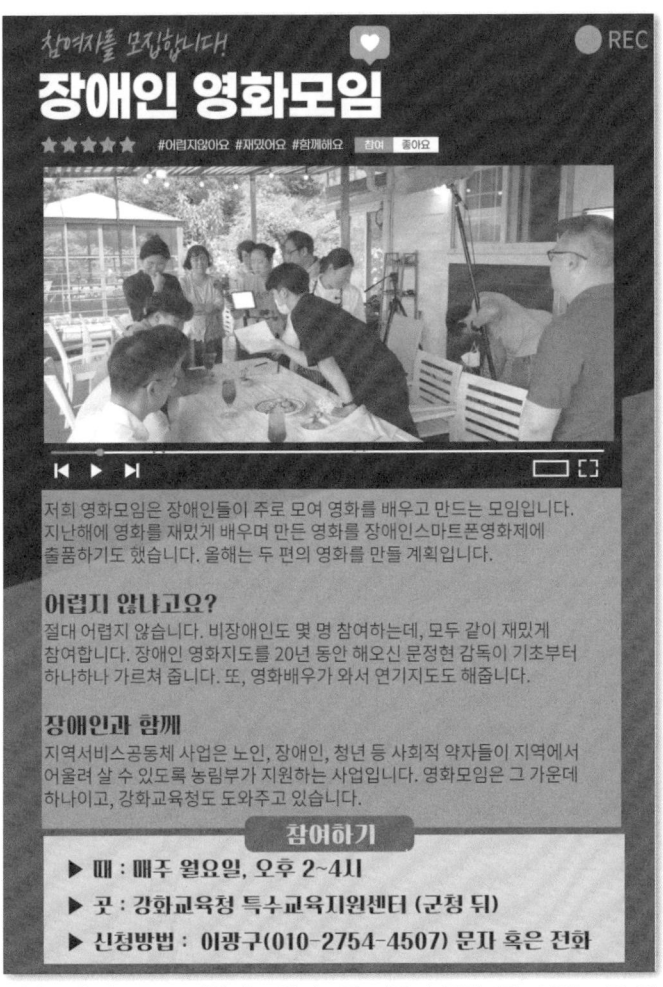

영화모임 식구를 모집한다는 웹자보를 만들어 돌렸지만, 아직 그런 경로로 들어온 식구는 없다. 장애인이 문화활동을 한다는 건 아직 쉽지 않은 일인 것 같다.

내가 이걸 왜 하지?

송원덕 사장 전화를 받고 나는 해안도로를 달렸다. 강화도 북쪽 끝에 있는 집에서 강화도 동남쪽 송 사장네 농장까지는 30키로미터쯤 되는 제법 먼 거리다. 좀 돌지만, 나는 주로 해안도로를 이용한다. 신호등도 없고, 탁 트인 바다를 보며 달리는 게 좋기 때문이다. 25년 전 즈음, 강화로 이사 온 동기 중 하나도 강화에서 차 타고 다니는 즐거움이었는데, 지금도 여전히 좋다.

송 사장이 소개시켜 준 김은희 소장과의 얘기는 쉽게 끝났다. 김은희 소장은 아이 진로지도를 하는 꿈공작소를 운영하고 있었다. 곧이어 지렁이 사업을 하는 송 사장 얘기를 들어보았다. 전에 지렁이 키워서 낚시 미끼로 팔 거라는 얘기를 들었는데, 지렁이 파는 일은 하지 않는다고 했다. 지렁이를 채집하려면 손이 많이 가고, 큰돈이 안 되기 때문이란다.

"카페 다니면서 커피 찌꺼기 수거하는 일도 힘들어."

"그걸 왜 하는데?"

"커피 찌꺼기가 냄새와 습기를 잡는 데 도움이 되거든."

그때만 해도 농장이 자리잡지 못해, 송 사장이 농장 안에서 할 일도 참 많았다. 바쁜 시간을 쪼개 강화 이곳저곳 카페를 돌아다니는 게 힘들다는 거였다.

"그거 우리가 해줄까?"

이렇게 해서 장애인과 함께 하는 커피 찌꺼기 수거사업이 시작됐다. 우리가 돌보는 장애인 친구들은 한곳에 오래 있는 것보다 여기저기 돌아다니는 걸 좋아한다. 일도 한 가지 일을 오래 하는 것보다 이것 조금 저것 조금 하는 걸 좋아한다. 끈기가 부족하다.

그런데 반드시 그런 것만은 아니다. 어떤 상황에서는 꽤 오래 하는 것도 있다. 어떤 친구는 고추 따는 일을 정해진 시간에 딱 2시간씩 날마다 하는 친구도 있다. 새벽이한테 가위로 고추 다듬는 일을 시킨 적이 있었는데, 꼬박 2시간 정도를 계속 한 적도 있다.

우리가 돌보는 새벽이와 지훈이가 차 타고 돌아다니는 걸 좋아하는 이유가 하나 더 있다. 이 친구들은 음악을 좋아한다. 차 타고 다니며 음악 듣는 건 더 좋아한다. 그러니까 카페에 다니면서 커피 찌꺼기 수거하는 일은 이 친구들한테 딱 맞는 일이다. 10분이나 20분 정도 차 타고 가면서 경치도 즐기고 음악도 듣다가 카페에서 잠깐 물건을 차에 싣고 또 다른 카페로 가고, 기분전환에 참 좋은 일이다. 차 막히는 도시 같으면 기분이 덜 좋을지 모르겠지만, 이곳 강화에서는 재밌는 놀이이자 괜찮은 일거리다.

이순신 장군 뻥 차기

친구들이 가장 좋아하는 곳은 조양방직이다. 터가 넓고 사람들이 많아서일 거다. 게다가 갈 때마다 우리한테 음료수를 준다. 새벽이는 늘 핫쵸코를 달라고 한다. 때로는 빵도 한 봉지씩 주곤 한다.

조양방직은 오랫동안 방치됐던 직물공장을 옛 모습 그대로 재활용해 카페로 영업하는 곳이다. 이곳은 커다란 플라스틱 통에 커피 찌꺼기를 100킬로그램 정도씩 담아놓는다. 짐차에 혼자 들어 올릴 수 없는 무게다. 리프트가 있으면 혼자 하겠지만, 송 사장 차는 덤프차라 쏟을 때는 좋은데, 리프트가 없어서 싣기는 어렵다.

전에 송 사장은 카페 직원을 불러 같이 했다고 한다. 그런데 나는 장애인 친구랑 같이 하면 된다. 차 뒤 문짝을 내려야 하는데, 혼자 들기에는 꽤 무겁다. 이걸 같이 내리고, 통을 같이 들어서 올린다. 특별히 기술이 필요한 것도 아니고, 오래 할 일도 아니다. 혼자는 못 하는 일이니, 장애인 친구랑 하기에 딱 좋은 일이다.

새벽이가 도와준 다음 내가 차에 올라가 물건을 쏟고, 통을 내리고, 뒷정리를 하는 동안, 새벽이는 이순신 장군 동상도 보고, 오가는 사람 구경을 열심히 한다. 그러다 귀여운 꼬마애들이 지나가면 가까이 다가간다. 같이 놀고 싶은 것이다. 그러나 덩치 큰 남자가 덤비니까 애들은 무서워한다.

"새벽아! 여기서 그냥 '안녕' 해야지!"

내가 볼 때는 제지하지만, 가끔 작은 사고를 치곤 한다. 다행인 건 손님들이 즐거운 기분으로 오는 곳이라 그런지 별문제 삼지 않고 그냥 지나간다는 점이다. 새벽이는 이순신 장군한테도 시비를 건다.

"이순신 장군 뻥 차면 왜 안돼?"

하고 또 하고, 귀에 딱지가 붙을 정도로 많이 듣는 질문이다. 학교에서 학생이 이런 질문을 하면 샘이나 친구들은 어떻게 할까? 군밤 한 대 감일 거다.

"새벽이 발만 아플 걸?"

이렇게 말해보지만, 사실 실제 찰까봐 살짝 걱정된다. 새벽이 발이 아픈 게 걱정이 아니라, 주인이나 직원들이 보면 싫어할 테니 말이다. 그런데 정말 새벽이가 큰 사고를 친 적이 있다.

지렁이농장 송 사장한테서 전화가 왔다. 조양방직에서 전화가 왔는데, 새벽이가 화장실에서 나오면서 고추를 내놓은 상태로 나왔다는 것이다. 다행히 직원이 먼저 보고 제지했다고 하는데, 조양방직 측에서는 너무 놀랐다는 것이다. 그래서 이제 새벽이는 데리고 오지 말라고 했다는 것이다.

새벽이를 단단히 혼내주고, 다음부터는 조양방직 근처에 내려준 다음 나 혼자 작업하고 나왔다. 두 달 정도를 그렇게 했다. 새벽이가 도와주지 않아서 나는 갈 때마다 직원을 불러야 했다. 직원들은 늘 친절하게 도와줬지만, 바쁜 직원을 불러내기가 미안했다.

길에서 잘 기다리던 새벽이가 없어진 적도 있다. 부모한테 연락하고 한참 찾았는데, 나중에 경찰서에서 새벽이 엄마한테 전화가 왔다. 지나가는 여학생들한테 놀자고 덤빈 모양인데, 학생들이 경찰서에 신고해서 지구대로 끌려갔다는 것이다.

또 단단히 혼내보지만, 그야말로 기껏 말로 하는 협박일 뿐이다.

"너 그러면 안 데리고 다닌다!"

같이 다니는 걸 재밌어 하니까, 이게 새벽이한테는 협박이라면 협박이다. 그러나 머리로는 협박이 통하지만, 몸은 늘 충동에 이끌린다. 정문에서 멀리 떨어진 곳에 내려줬는데, 어느새 정문 가까이 온 새벽이가 작은 말짓을 하기도 한다. 딴에는 벌 받고 있어서 안으로 들어오지는 않지만, 바로 앞이니 들어온 거나 별 차이가 없다. 거기서 손님들한테 말짓을 하는데, 하필 그때 조양방직 사장이 지나가다가 봤다. 결국 나는 한소리 들었다.

"쟤 데려오지 말라니까요."

새벽이는 조양방직에서 커피 찌꺼기 수거하는 일을 제일 좋아한다. 사람들이 많고 새벽이한테 카페에서 음료수를 주기 때문이다. 이순신 장군한테 시비 거는 놀이(?)도 한다.

나는 알았다면서 사과를 했지만, 한편으로 이런 생각이 들었다.

'새벽이랑 같이할 게 아니면, 내가 이걸 왜 하지?'

형식은 질문, 내용은 명령문

친구들이 꼭 필요한 곳이 또 있다. 스타벅스다. 강화 1곳, 김포 3곳의 스타벅스 매장에서 수거하는데, 비닐봉지가 꽤 무겁다. 20에서 30킬로그램 정도 된다. 혼자 할 수도 있지만, 적어도 10개에서 많으면 20개 정도를 나르려면 무척 힘들다. 새벽이와 나는 그걸 같이 들기도 하고, 내가 창고에서 꺼내 건네주면 새벽이가 차에 싣기도 했다. 새벽이가 즐겨 하는 일이다. 몇 년 동안, 한 번도 안 한다는 말을 한 적이 없다.

뉴앤디커피는 콜드브루를 생산하는 전문 공장이다. 양이 가장 많은 곳이다. 여기서는 뒷문 여는 것만 새벽이가 도와주고, 물건 싣는 것은 직원들이랑 내가 한다. 이곳 직원들은 늘 자신들이 만든 커피를 선물로 준다. 그걸 이웃들에게 나눠주면 참 좋아한다. 새벽이는 그걸 엄마한테 갖다주기도 하는데, 엄마가 좋아하니까 새벽이는 그 선물을 받아 가는 게 즐거운 일이다.

그런데 눈치가 없다. 늘 주니까 으레 주는 거로 생각한다. 마치 당연히 받을 것처럼 요구한다. 그런데 직접 달라고 하는 게 아니라 간접화법을 쓴다.

"앤디커피 가면 커피 줘?"

형식은 질문이지만, 내용은 달라는 명령문이다. 그것도 아주 큰소리로 말이다. 직원들은 웃고 넘기고, 다 끝난 다음에 선물을 준다. 이렇게 사람들을 상대하고 선물까지 받으니, 새벽이한테는 이런 일에 따라다니는 게 얼마나 재밌는 일이겠는가. 사람들이 자신을 멀리 하지 않고 대화상대로 대우해 주니 말이다. 이게 사회적농업의 가치다. 또한 사람 사는 동네의 당연한 모습이다.

혼자 문 열기

새벽이가 필요한 곳이 또 있다. 마리산 남쪽 기슭에 있는 도레도레라는 카페다. 꽤 넓은 정원에 예쁜 꽃들이 많고, 빵도 맛있어서 사람들이 많이 찾는 카페다. 영화모임 친구들도 가서 영화 장면을 찍은 곳이기도 하다.

이곳은 아직 안 쓰는 공터로 들어가서 건물 뒤편의 커피 찌꺼기를 싣고 오는 곳이다. 공터 입구에 기다란 차 통제문이 있다. 차를 길가에 세우고 내려서 그 문을 열어야 한다. 다시 차로 와서 운전을 해야 하는데, 나올 때도 그렇게 해서 문을 닫고 와야 한다. 그게 번거로워서 새벽이한테 하라고 했다.

"새벽이가 저 문 좀 열어줘라."

대답이 없다.

"새벽이 잘 할 수 있잖아."

사정해 보지만, 역시 아무 반응이 없다. 1주일에 한 번 도레도레에 가는데, 3주 정도를 그렇게 계속 부탁했지만 소용이 없었다. 그런데 어느 순간 새벽이가 차에서 내렸다. 그러더니 내가 하던 대로 잘 했다.

'녀석, 잘 하네. 진작 좀 하지.'

속으로 흉을 봤다. 이제 좀 편해졌다. 그런데 새벽이는 왜 처음에 계속 안 했을까? 그게 궁금했다. 안 하던 거라 발동이 안 걸린 걸까? 그럴 수 있다. 별거 아닌 것 같지만, 새벽이한테는 낯선 것이고 선뜻 나서지지 않는 것일 수 있다. 겁도 많은 편이다. 하던 건 곧잘 하고, 익숙한 동네에서는 잘 돌아다닌다. 그런데 안 하던 거, 낯선 동네에서는 위축된다. 나도 어릴 때 그랬다.

좀 더 어려운 것이기는 하지만, 서른 즈음에 운전 배울 때 내 모습도 그랬다. 학원 다닐 돈이 없어서 아는 후배한테 조금씩 배웠는데, 버스를 탈 때마다 운전기사를 옆에서 유심히 봤다. 오른발과 왼발을 능숙하게 쓰고, 양손으로는 핸들과 기어 막대를 조작했다. 두 눈은 운전석 위에 있는 거울과 버스 밖 양쪽 뒷거울을 계속 바라봤다.

'야, 저거 무지 어렵네. 저걸 내가 어떻게 하지?'

나는 자신이 없었다. 다들 처음 운전 배울 때 힘들었겠지만, 다른 사람이 운전하는 걸 자세히 관찰한 나는 더 어렵게 느낀 것 같다. 새벽이도 마찬가지였을 것이다.

'문 여는 걸 나더러 하라고? 안 해본 건데…'

'그런데 나리 아빠는 자꾸 시킨다. 못 하는 건데, 안 하는 것처럼 말한다. 기분이 나쁘다. 하긴 이런 오해야 한두 번이 아니지. 내가 참아야지.'

새벽이는 이런 식의 생각을 했을 것이다. 그러다 자꾸 시키니까 생각이 조금 바뀌었을 수 있다. 자꾸 하라니까 한 번 해볼까 하는 맘을 먹은 거다. 그리고 나리 아빠가 하는 걸 자세히 살펴봤다.

'오호, 밖에서 손을 넣어 먼저 문고리를 푸네. 한쪽씩 쇠문을 확 밀어버리네. 어, 그러니까 그놈이 저쪽 가서 돌에 걸려서 딱 멈추네. 재밌네. 나도 할 수 있겠는데….'

이렇게 관찰하며 마음먹고 있는데, 이번에 또 시킨다. 자, 그럼 해보자! 용기를 내서 새벽이가 차에서 내렸다. 그리고 살펴본 대로 해봤다.

'어? 잘 되네.'

이런 과정을 거쳐서 새벽이가 문을 열기 시작했다. 한 번 연문은 그 후로도 계속 열렸다. 이 일은 내가 새벽이와 놀면서 새벽이의 의식 세계를 진지하게 느낀 뜻있는 사건이었다.

새벽이는 공터 입구 차단막 여는 일을 못한다고 했다. 그러나 몇 주 후 새벽이가 그 일을 해냈는데, 아마 여러 번 관찰해서 할 수 있다고 판단한 다음에 한 것 같다.

세상과 연결되는 시간

　발달장애 자녀를 둔 부모들은 나쁜 버릇이 몸에 뺄까 봐 신경을 많이 쓴다. 처음에 배지 않도록 몸과 마음을 다해 실랑이를 벌인다. 그런데 나는 그런 모습을 볼 때마다 이런 생각이 들었다.
　'나쁜 버릇 들이지 않게 할 게 아니라, 좋은 습성이 배게 하는 게 더 낫지 않을까?'
　말장난인 듯도 하고, 당사자 아닌 구경꾼의 한가한 소리처럼 들릴 수도 있는, 참 조심스러운 얘기다. 그러나 나도 그냥 구경꾼만은 아니다. 장애인 활동지원사로 만 3년 넘게 일했다. 장애인과 함께 빵 공장도 해봤고, 장애인의 일터와 삶의 터를 만들기 위해 사업을 하느라 몸과 마음이 무척 힘든 걸 경험하고 있는 사람이다. 그런 경험과 인식을 바탕으로 하는 말이다. '하지 말라'가 아니라, 뭘 하자는 방향으로 버릇을 들이자는 것이다. 그것도 일을 통해서.
　우리가 새벽이와 함께 커피 찌꺼기 수거 작업을 하는 동안 새벽이는 가장 즐거운 시간을 보냈다. 커피 찌꺼기 작업을 하러 가는 걸 새벽이는 좋아했다. 말 안 들을 때는 안 데려간다는 협박(?)을 하기도 했다. 여기저기 카페를 다니는 일은 새벽이한테 세상과 연결되는 시간이기도 했다. 새벽이는 나랑 차 타고 다니며 얘기하고, 음악 듣고, 물건 나르는 일도 재밌지만, 자기 나름의 더 재밌는 일을 만들고 싶어했다. 별거 아닌 것 같지만, 새벽이한테는 그것들 하나하나가 소중한 자기 세계의 확장이었다.

김포로 수거작업을 나갈 때는 으레 들르는 꽈배기집이 있다. 어쩌다 들러 간식을 사줬는데, 그게 당연히 해야 하는 코스가 돼버렸다. 주인 맘이랑도 친해졌다. 나는 앤디커피에서 선물로 준 콜드브루를 몇 개 나눠주기도 하고, 주인 맘은 덤으로 도너츠를 주기도 한다. 새벽이는 여기서 늘 핫도그와 음료수를 사먹는다. 그리고 화장실을 간다. 하하, 그동안 나는 잠시 쉰다.

꽈배기집에 가기 전에 편의점이 있는데, 거기서는 늘 음료수를 샀다. 나는 새벽이한테 콜라와 사이다 같은 걸 사먹지 못하게 했다. 이빨 썩으면 안 되는데, 새벽이는 무서워서 주사를 절대 안 맞는다. 그래서 이빨 치료를 받으려면 큰 난리를 쳐야 한다. 그래서 타협한 게 식혜다. 밀고 당기기를 참 많이 해서 식혜로 결정됐다.

편의점 앞에 차를 세우면 새벽이가 내려서 식혜를 사온다.

"딱 하나만 사와야 돼!"

처음 몇 주 동안 나는 이 말을 꼭 해야 했다. 이것저것 잔뜩 사온 적이 있기 때문이다. 그런데 한 번은 새벽이가 편의점 간 사이에 한 남자가 조수석 창문을 두드렸다.

"쟤 이제 데려오지 마세요!"

깜짝 놀랐다. 또 무슨 사고를 쳤지?

"빨대를 한 움큼 가져가요."

"아, 쟤가 장애인이라 그러는데요, 못 하게 할게요."

그러나 남자는 내 말을 들으려고 하지 않았다. 그냥 오지 말란다. 그래서 새벽이한테 말했다.

"새벽이가 잘못해서 저 아저씨가 이제 오지 말래."

새벽이도 자신이 뭘 잘못했는지 안다. "왜 오지 말래?" 하고 몇 번 되풀이하기는 했어도, '아, 이제 못 가는 거구나' 하고 포기했다.

나는 속으로 생각했다.

'녀석…. 이제 돈쓸 일 하나 줄었고, 차 세울 일도 하나 없어졌군.'

그렇지만 나는 새벽이가 다른 편의점 들르자고 할 줄 알았다. 그런데 그 후로 새벽이는 다른 편의점 들러서 식혜 사자는 말을 하지 않았다. 왜지? 그게 참 궁금하다.

카페 들를 때마다 화장실 가겠다는 것도 새벽이의 중요 행사 중 하나다. 꼭 오줌이 마려워서가 아니라, 그냥 해야 하는 행사다. 혼자 보내면 말짓을 할지 몰라 나는 꼭 같이 간다. 그것도 딱 한 곳 카페만.

처음에는 그냥 다녀오라고 했다. 그런데 좀 늦게 돌아올 때도 있었다. 별 생각 없이 지나갔다. 그런데 하루는 너무 늦게까지 안 왔다. 할 수 없이 들어가 봤는데, 점장한테 잡혀서 혼나고 있었다.

"손님들이 먹는 빵을 지나가면서 들고 가버리는 거예요."

황당?!

"전에도 그래서 손님한테는 새 빵을 드렸어요."

점장은 손해는 둘째 치고, 손님들이 카페를 나쁘게 생각할까 봐 더 걱정했다. 단단히 사과하고 나왔다. 그다음부터는 절대 혼자 화장실 안 보냈다. 꼭 같이 가는 정기 코스가 돼버렸다.

새벽이한테 잘못 몸에 밴 오줌싸는 버릇은 이제 완전히 굳어져 고치기 어렵다. 그걸 지금 바로잡는다는 건 뼈를 뒤틀어 새로 맞추는 것보다 어려울 것 같다. 그래서 나는 적당히 타협한다. 제일 적당한 곳이 주유소다. 근처에 차를 세우고 다녀오라고 한다. 어쩌다 한 번씩 허용하는 것이다. 그런 내 모습을 보며, 새벽이는 이렇게 생각할지 모른다.

'음, 나리 아빠는 몇 번 얘기하면 한 번쯤은 들어준단 말이야.'

나도 어릴 때 그랬다. 100원이면 붕어빵을 다섯 개 먹을 수 있고, 만화방에서 만화도 볼 수 있었다. 아빠한테 100원을 달라고 하면 잘 주지 않으셨다. 그때 '조른다'는 말을 많이 썼다. 말 그대로 계속 조르면 어쩌다 한 번씩 주시곤 했다. 특히 연탄배달 수레를 밀어주는 일을 했을 때 주셨다.

나도 새벽이한테 커피 찌꺼기 수거 일로 받은 수고비에서 10만 원을 줬다. 새벽이 통장에 넣어줬는데, 새벽이한테는 실감 나지 않았다. 그래서 한때는 천 원짜리로 두 장씩 줬는데, 이 방법은 나한테 귀찮은 일이었다. 얼마간 그렇게 하다 중단했는데, 새벽이를 위해 성실하게 해주지 않은 것 같아 가끔 찜찜한 생각이 든다. 그럴 때마다 장애인 활동지원사 교육받을 때 강사의 말도 같이 떠오른다.

"서너 살 먹은 애들 버릇 들이듯이 해야 합니다. 애들이 뭘 좋아하는지도 잘 파악해야 해요. 그걸 준비하고 있다가 애가 잘 하면 주는 거예요. 이런 정성을 오랫동안 들여야 좋은 버릇이 몸에 뱁니다."

맞는 얘기다. 그렇지만 나한테도 핑계는 있다.

'그거 말고도 할 일이 너무 많다고요.'

우리 부모도 먹고살기 바쁘셨을 것이다. 나한테 온갖 정성을 다 들이지는 못하셨다. 그래서 내가 이 정도 살고 있는 걸까? 그래도 좋다. 이 정도 살면 되지, 뭐.

'새벽아, 너도 나라 아빠 만큼만 살렴.'

노랫소리가 멈춘 시간

수거한 커피 찌꺼기를 내리는 일도 힘든 일이다. 조양방직과 앤디커피는 통에 담은 걸 짐칸에 쏟는 방식이라 짐칸을 통째로 들어 올려 쏟으면 된다. 그런데 다른 카페들 것은 비닐봉지에 담겨 있어서 그걸 뜯어서 쏟아야 한다. 이게 오래 걸리고 힘들다. 뜯은 비닐을 모아서 농장 한쪽에 모아놓는데, 새벽이는 그런 심부름을 한다. 새벽이한테 비닐 뜯는 걸 시켜보지만 이건 안 하려고 한다. 쉽지 않다고 생각하는 것 같다.

때로 일이 늦게 끝나서 밤에 불 켜놓고 작업하는 때도 있다. 겨울에는 제법 춥기도 하고, 한여름에는 더워서 힘들 때도 많다. 내가 작업하는 동안 새벽이는 주변에서 계속 왔다갔다 한다. 새벽이가 심심할까 봐 나는 새벽이한테 노래를 시킨다. 노래야말로 새벽이가 가장 잘하는 놀이다. 말 그대로 '노래 일발 장전!'.

"새벽이 노래 하나 할까?"

"무슨 노래?"

"월드컵코리아"

그러면 곧바로 나온다.

"바람처럼 달려라, 힘차게 달려라, 우리는 대한의 건아, 어디든지 가리라."

끝나면 다른 걸 시킨다.

"이번엔 해바라기!"

"부엌 뒤 문밖, 작은 꽃밭, 엄마 키만 한 해바라기, 두 송이가 폈다."

끝나고 다음 노래를 알아서 하면 좋겠는데, 그렇게 하지 않는다. 더 하라고 하면 무슨 노래하냐고 꼭 묻고 한다. 내가 노래 제목이 생각나지 않아 말하지 않으면 노래하지 않는다.
'왜 그러지? 알아서 계속 부르지 않고….'
그렇게 하루가 간다.

어느 날 새벽이 없이 나 혼자 일하고 있었다. 해는 져서 어둡고 찬 바람도 불었다. 쓸쓸했다. 이 일을 하면서 가끔 든 생각이었는데, 어릴 때 아버지가 대전 삼성시장에서 쓰레기 치우는 일을 했던 게 떠올랐다. 아버지가 병원에 입원하셨을 때는 내가 작은 형과 함께한 적도 있었다.
'아버지가 이런 일을 해서 나도 이어받아서 하는 건가?'
이런 생각도 얼핏 들었다. 새랫이가 없으니 노랫소리도 안 들리고, 이런저런 잡생각이 많이 났다.
'내가 이걸 왜 하지?'

5장
다대다 돌봄농장을 꿈꾸다

어깨가 쓸쓸한 탐험가
나 화장실 갈래
다대다 돌봄농장을 꿈꾸다
5년의 꿈

어깨가 쓸쓸한 탐험가

특별한 아이

"우리 아이가 좀 특별한데…."

성준이 엄마는 첫 통화를 이렇게 시작했다.

"연극과 음악 같은 걸 많이 해서, 표현력이 우수하고 그림 그리는 것도 좋아해요."

이런 정보는 흥미롭기도 하지만 부담스럽기도 하다. 다양한 교육을 이미 받았고 특별하다면, 나에게도 고려할 것이 추가되는 숙제가 있는 셈이기 때문이다. 나도 '꿈공작소'가 추구하는 바와 어떻게 가르칠 것인지를 얘기하고, 수업 약속과 일정을 합의하고 통화를 끝냈다.

일주일 뒤 성준이를 만난 날, 밤 10시가 넘어 퇴근했다. 여러 가지 고민이 맴돌았고 지쳤다. 고민 때문만은 아니었다. 수업 2시간 동안 성준이가 온 곳에 그려 놓은 크레파스를 닦는데, 4시간이 꼬박 걸렸기 때문이었다.

퇴근 후 씻지도 못하고, 대학 동기인 주라에게 전화했다. 그녀는 다운증후군이 있는 딸을 낳은 후에 특수교육을 다시 전공해서 특수교사로 중학교에서 근무하며, 일과 육아를 잘 해내고 있다.

주라가 장애아를 키우는 어머니의 입장과 교육자로서의 입장을 솔직하고 차분하게 이야기해 주었다. 나는 주라가 아이를 키우며 느꼈을 상실감과 좌절감 그리고 그것을 극복하고 희망을 품고자 애썼을 시간 등을 깊이 느낄 수 있었다. 친구의 속마음을 알게 되니, 마음이 저렸다.

'얼마나 애가 타고, 긴장하고, 매사 어려웠을까?'

전부터도 좋아하던 친구였는데, 이런 내용을 공유하니 더 가깝게 느껴졌다. 다음 날, 성준이가 다니는 초등학교에 근무하는, 아는 샘한테 전화했다. 성준이의 학교생활을 좀 더 알고 싶어서였다.

"어머니께서 공개하지 않은 내용을 제가 이야기하기는 어려워요."

그렇지만 그 샘은 한 가지 제안을 했다. 성준이 어머니는 좋은 분이니, 내가 느끼는 부분을 솔직히 공유하면 좋을 거라는 것이었다. 보통 샘들이 좋다고 표현하는 학부모는 최소한 의사소통이 가능한 분을 의미하고, 그것이 가능하다면 가장 어려운 장벽이 사라지는 것을 의미했다. 통화가 끝난 후, 나는 다시 나만의 고민을 했다.

'성준이를 계속 만날 수 있을까?'
'만난다면 어떤 도움을 줄 수 있을까?'
'그게 성준이에게 어떤 효과가 있을까?'
'나는 이 아이를 돌보며 어떤 성장을 할 수 있을까?'

여러 가지 생각이 계속 이어졌다. 그리고 전날 밤 주라의 이야기가 떠올랐다.

"장애아를 데리고 있는 엄마는 내 아이를 맡아줄 곳을 찾는 것이 가장 어려운 일이야. 그래서 아마 성준 어머니가 너한테 다 이야기하지 못했을 거야. 그리고 우리는 뭘 바라지 않아. 크게 다치지만 않고 친구들 틈에 있을 수만 있어도 특별한 거야."

또 마음이 저렸다. 그러면서 성준이를 1년 동안 만나겠다고 다짐했다. 그리고 성준 어머니께 전화했다.

"아이가 순하고 그림 그리기를 정말 좋아하더라고요. 그런데 혹시 성준이가 장애진단을 받은 적이 있나요?"

어머니의 숨소리가 잠깐 멈췄다. 그리고 말씀하셨다.

"네. 자폐 2급 받았어요. 그런데, 아이가 서술이나 언어 표현이 서툴러서 그렇지 의사소통이 다 돼요."

나는 내가 특수교육 전공자가 아니라 성준이를 돌보려면 공부를 하면서 해야 해서 진로 프로그램 효과가 없을 수도 있다고 말씀드렸다. 성준이 어머니는 괜찮다고 하면서 이렇게 얘기했다.

"저는 아이가 친구들과 놀고 오는 것이 가장 좋아요. 꿈공작소는 또래랑 그룹수업을 하니까 그게 좋아요."

성준이가 일반인들 속에 자연스럽게 속해 있었으면 하는 바람이셨다. 장애인을 가족으로 둔 사람이라면 누구나 갖는 가장 큰 바람 중 하나가 그것이라는 것을 이제는 어렴풋이 알 것 같다. 그렇게 성준이와 나의 관계가 시작되었다.

그림 좋아하는 아이

하루는 '삼랑성을 지켜라'라는 신체활동 게임을 했다. 가까이에 있는 전등사와 삼랑성을 고려해 붙인 이름이다. 게임 규칙은 이렇다.

"3명씩 팀을 정한 뒤에 활동 범위를 고려해 중앙선을 정하고, 양쪽 진영 끝에 사각 블럭으로 5개의 성벽을 쌓는다. 공 6개로 상대의 성벽(블럭)을 공격하거나, 날아오는 공으로부터 내 성벽을 방어한다. 내 팀에 있는 5개의 성이 모두 무너지면 지는 것이다."

이 게임을 하면 타고난 공격수와 방어수가 확연히 드러난다. 공격수 역할을 하는 친구는 보통 사고가 자유롭고 유연하다. 이런 친구는 무엇을 완성하는 것에 초점을 두기보다 즐길 수 있도록 하는 것이 좋다. 수비수들은 보통 차분하고 규칙을 어기지 않으며 생각을 많이 한다. 이런 친구는 과정을 칭찬해서 결과에 연연해하지 않도록 감정을 살펴주는 것이 필요하다.

성준이는 공격수였다. 성준이는 신체활동을 좋아하고 활달했다. 그런데 게임을 시작하고 30초가 안 되어 문제가 발생했다. 성준이가 상대팀 진영으로 넘어가 수비수인 건민이의 가슴을 주먹으로 때렸다. 건민이가 휴전을 외쳤고, 심판인 나에게 항의했다.

"쟤가 나를 때렸어요."

그런데 성준이는 이렇게 말했다.

"쟤가 나한테 공을 던져서 맞았어요. 아팠어요. 그래서 때렸어요."

성준이는 그림 그리기를 좋아한다. 색상이 독특하고, 기억나는 대로 자세하게 그린다.

사실 건민이는 상대팀 블럭을 향해 공을 던졌으나 주변에 있던 성준이가 맞았고, 성준이는 자신을 공으로 때렸다고 생각해서 건민이에게 복수를 한 것이었다. 나는 성준이에게 상대 진영으로 넘어갈 때는 심판에게 먼저 이야기해야 한다고 주의를 줬다. 성준이는 이해했고, 다시 게임을 시작했다. 그런데 30초가 안 되어 같은 일이 또 일어났다. 이번에는 성준이가 상대팀 산이를 때렸다. 건민이까지 얼굴이 붉어져 화를 냈다.

"야! 왜 그래!"

우선 게임은 휴전하고, 우리는 책상에 앉았다. 나는 아이들에게 성준이 병명을 솔직히 이야기했다. 그리고 쉽게 설명하려고 애썼다.

"성준이는 자폐 장애가 있어. 자폐는 자기 뜻대로만 생각해. 이게 쉽게 바뀌지 않아. 어쩌지?"

아이들은 머리로는 이해하지만, 감정은 불편해 보였다. 그래서 이번에는 게임 방법을 조금 바꿨다. 내가 성준이 팀에 들어가고, 성준이는 깍두기를 하기로 했다. 성준이는 각 5분씩 번갈아 가며 양쪽팀에서 활동하기로 했다. 승부랑 크게 관계되지 않자 아이들은 성준이가 있는 곳을 피해 공을 던졌고, 성준이도 나름 자유로웠다. 그날 활동이 끝나고 나는 아이 어머니들께 전화를 했다.

"혹시 아이들이 성준이를 불편해하면 얘기해 주세요. 얼른 대처하겠습니다."

나의 약속에 어머니들은 흔쾌히 동의하셨다. 전화 통화를 끝내니 함께 키운다는 느낌이 들어 마음이 든든하고 가벼워졌다. 강화 사람들은 자연을 접하며 살아서 그런지, 아이들도 어른들도 여유롭게 느껴졌다.

그렇게 하루하루가 갔고, 아이들은 성준이를 조금 더 알기도 했지만 피하기도 했다. 성준이는 재미있는 도구나 놀이를 독점했다. 다른 친구들이 말할 때 책상을 치거나 의미 없는 소리를 내기도 했는데, 그건 자신이 관심 없다는 표현이고, 그만하라는 뜻이었다.

아이들의 스트레스가 높아지는 것이 표정으로 보였고, 프로그램은 중간중간 끊기고 수정되어야 했다. 나도 아이들도 지쳐가고 있었다. 그렇게 3개월이 지난 다음, 나는 성준이를 성준이보다 어린 그룹에 배정했다.

어린 여자 친구들 그룹인데, 자신들보다 훤칠하게 크고 흰 피부를 가진 성준이를 1학년 여자 친구들이 호기심 어린 눈빛으로 맞이했다.

"저 오빠는 왜 왔어요?"

"우리랑 같이해요?"

질문이 이어졌다. 나는 성준이의 진단명과 몇 가지 특별한 성향, 그것으로 인한 장점들을 부각하며 성준이를 소개했다. 아이들이 고개를 끄덕였다. 애정 어린 눈빛은 아니지만, 크게 문제시하지 않는 것 같았다.

"배고파. 과자 먹고 싶다."

내 이야기가 끝나고 성준이가 나를 보며 말했다. 10초 간격으로 여러 번 말했다.

"그렇구나. 성준이, 활동 끝나면 줄게."

그런데 성준이는 가만히 있지 않았다.

"저기 있잖아!"

그러더니 내가 비상시에 쓰려고 과자를 보관해놓는 곳에 가서 과자를 가져왔다. 아이들이 갸우뚱하며, 덩달아서 자기들도 먹고 싶다고 말했다. 혼란스러웠다.

성준이는 상대와 상황을 고려하지 않을 때가 많다. 자기 맘대로 행동하기도 한다. 원하는 것을 참기가 어렵다. 상대에 대한 공감 능력이 부족한 것이다. 그러면 상대는 난처한 느낌을 받는다.

시간이 가면서 여자아이들은 성준이와 거리를 조금 두어 자신이 앉을 위치를 정하기 시작했다. 그다음 주에는 무섭다며, 성준이를 피해 구석 자리에 모여 앉아있기도 했다. 그런데 성준이는 여자아이들이 그러는 것이 속상한지, 아니면 작은 아이들이 맘에 드는지 "나랑 손잡자.", "나랑 같이 놀자"며 가까이 다가가기도 했다. 그럴수록 아이들의 표정은 더 굳고 무서워했다. 그렇게 한 달을 보내고, 또 그룹을 바꿨다.

이번엔 성준이보다 나이가 많은 형들 그룹이었다. 먼저 소개를 하고 동생을 좀 도와줄 수 있으면 좋겠다고 부탁했다. 그러나 형들은 호락호락하지 않았다. 자주 성준이에게 화를 내고 불편한 기색을 드러냈다. 그러면 성준이도 갈등상황에 빠져 더 나댔다.

이거 하고 싶다, 저거 하고 싶다는 말을 여러 번 반복했다. 다른 아이들에게 내 관심이 가 있으면, 보물찾기하듯 센터를 뒤져 먹을 것을 찾아 먹곤 했다. 그러다 모두 한곳에 모이면, 혼잣말을 하거나 책상을 치며 활동을 방해했다.

그렇게 또 한 달이 지나고, 나는 성준이 어머니께 성준이와 단둘이 수업을 하겠다고 제안했다. 마지막 그룹의 아이들이 참지 못하고 센터를 끊었기 때문이었다. 어머니께 어려웠던 점들을 얘기했더니, 어머니는 민감하게 받아들였다. 성준이가 다니는 치료실에 행동수정 치료를 의뢰하겠다고 했다.

남은 기간 동안, 성준이와 나는 그림을 그렸다. 성준이가 그리고 싶은 주제(모바일게임 캐릭터, 동화 주인공, 드라마 주인공)를 이야기하면, 나는 관련 자료를 찾아주었다. 어려운 부분은 도와주고, 성준이 생각이 반영되도록 사진이나 도안을 도화지에 배치하며 한 장씩 그림을 완성해갔다. 꽤 평화로운 시간이었고, 서로 그림 그리는 것을 좋아해서, 성준이와 보내는 시간이 전처럼 힘들지 않았다.

"나랑 키 재보자."

성준이는 나를 거울 앞으로 데려가서 나란히 거울을 보며 말했다. 이런 식으로 성준이는 편하게 자기 감정을 드러냈다.

성준이는 비슷한 그림을 서너 번 그렸다. 버스를 그리는데, 이번 주에는 시내버스, 다음 주에는 2층버스, 그다음 주에는 사파리버스, 또 그 다음 주에는 관광버스를 그렸다. 그렇게 그리다 보면, 버스를 보지 않고도 바퀴, 휠, 창문, 배기통, 각종 등과 환기구, 출입문, 후미등, 백미러 등을 섬세하게 그릴 수 있게 된다.

"버스 타고 어디 가는 길이야?"

내가 이렇게 물으면, 성준이는 "놀이동산 가는 거야"라고 대답한다.

"가는 길 주변에 산이 있었어?"

나는 이런 식의 질문을 하며, 버스 주변을 그리도록 했다. 성준이는 자기 관심 주제 외에는 특별히 주의를 기울이지 않지만, 물어보면 사진 찍어놓은 것처럼 기억하는 것이 많았다. 기억나는 대로 그리는 걸 어려워할 때는 사진 자료를 출력해 줬다. 그렇게 비슷한 주제를 서너 번 그리고 나면, 성준이가 다른 주제를 이야기했다.

성준이가 그리는 그림은 평면적이다. 그래서 색다르다. 색깔도 그 사물에 어울릴 거라고 생각되지 않는 색을 칠할 때가 있다. 그런데 보기에 좋다.

그림 그리기 대회에 성준이를 출전시키려고 시도한 적이 있었다. 상금도 있고 상장도 있다고 꼬셔서 시작했지만, 주제가 성준이 관심사와 맞지 않으면 대충 그리고 끝내거나, 다시 자신의 관심사를 고집해서 완성할 수 없었다.

이런 활동을 하며 1년 중 남은 기간이 평화롭게 지났다. 성준이도 나도 훨씬 가까워졌다.

숲속 탐험가

"성준아, 이제부터는 책 읽자."

둘째 해에 나는 책 읽기를 제안했는데, 성준이는 고개를 절레절레 흔들었다.

"나는 그림 그리고 싶어요."

그 순간 내 마음이 살짝 흔들렸다. 그림만 그리면 나도 성준이도 평화로운 시간이 될 것은 분명했다. 그러나 글씨도 읽을 줄 아는 성준이가 어휘력도 키우고 친구들과 깊은 대화도 나누면 좋겠다는 생각에 물러설 수 없었다.

"책 3장을 읽으면 성준이가 좋아하는 과자를 줄게."

새로운 제안에 성준이가 "과자 2개!" 하며 흥정을 걸어왔다. 나는 수정제안을 했다.

"책 3장 다 읽으면 하나, 그리고 그림 그리는 거 끝나면 또 하나. 어때?"

"좋아."

거래가 성사됐다. 첫 책은 '파랑을 조금 더 가지고 싶어요'라는 책이다. 제주 함덕초등학교 아이들에게 그림지도를 했던 권윤덕 작가님이 쓴 책이다.

나는 성준이가 좋은 책을 읽고, 느낀 것을 그림으로 그리면 좋겠다고 생각했다. 성준이가 세련된 단어를 사용하며, 자신 있게 자기 생각을 이야기하는 모습을 머릿속에 떠올렸다. 그리고 그런 생각을 조합해서 그린 그림을 기대했다. 내 머릿속은 희망을 가득 담은 다양한 색상들로 빛났다. 그림을 좋아하는 성준이에게 그림의 완성도를 높여주는 게 좋겠다고 판단했다.

책을 읽기 시작했다. 그런데 성준이는 대충 끝내고 과자를 먹을 요량으로, 하나하나 똑바로 읽지 않고 대충 넘겨짚어 읽었다. 단어음절 끝의 종성을 자세히 보지 않고 되는대로 붙여 읽었다.

'머릿속이 점점 환해졌어요'를 읽는데, '머릿속아'라고 읽기도 하고, '머, 리속, 이점점' 식으로 읽는다. 맥락없이 '점점'을 크게 읽기도 했다. 옆에서 글을 보며 듣는 나도 이해가 가지 않을 정도였다.

그래서 규칙을 하나 더 추가했다. 음절과 어절 끝 발음을 정확히 하는 것과 어절과 어절 사이를 띄어 읽기, 마침표 있는 곳에서 억양 내리기, 물음표 있는 곳에서 소리 올리기 등을 설명했다. 성준이는 새 규칙을 재미없어했다.

그래서 내가 성준이가 읽는 것처럼 흉내냈더니 까르르 웃는다. 그리고 모범 답안처럼 신경 써서 읽어주었다. 성준이가 진지하게 관찰한다. 그래서 규칙을 알려주었다. 띄어읽기를 안 하면 '삑~' 하나, 글씨를 다르게 읽으면 '삑~' 하나, 3장 읽는 동안 '삑~' 100개 안 넘으면 과자 하나 추가!

성준이는 내 제안이 별로지만, 과자 소리에 그냥 하려는 눈치다. 나는 성준이가 책을 읽는 동안 '삑~' 입소리를 울려대며, 동시에 연필 쥔 손으로 종이에 막대기를 그려나갔다. 내가 '삑~' 하고 입소리를 울릴 때마다 성준이가 쑥스럽게 웃으며 마음을 다잡았다. 참 성실하다고 새삼 느꼈고, 사랑스러웠다. 첫날 막대기가 99개에 가까워졌을 때, 그 이후에는 입소리를 울리지 않았다. 성준이의 노력을 칭찬하고 싶었기 때문이었다.

가끔 날씨가 쨍한 날이면 성준이와 초지진이나 전등사를 산책한다. 그러면 성준이는 신이 난다. 에너지는 많은데 마음껏 쓸 수 있는 곳이 별로 없다. 장애가 있는 성준이는 활동에 많은 제약을 받는다. 혼자는 사회생활이 미숙하기에 누군가 따라나서야만 가능하다. 성준이는 한달음에 삼랑성 제일 높은 곳까지 올라갔다가 내려온다. 나도 걸음이 느리지 않은데, 성준이와 등산을 하면 숨이 찬다.

삼랑성이나 초지진처럼 숲이 있는 곳은 성준이도 나도 마음이 편하다. 풍족한 자연 속에 있으면 실수에 얽매이지 않아도 될 여유로움이 있다. 숲에서는 미끄러져도 나뭇잎이 푹신

혈기왕성한 성준이는 숲에서 뛰어다니는 걸 좋아한다.
미지의 세계를 찾아가는 탐험가 같다.

해서 많이 다치지 않고, 성준이가 나무를 흔들고 놀아도 문제가 되지 않는다. 막대기로 나무들을 해코지해도 그저 웃기고 즐겁다. 돌멩이를 던져도 상관없고, 땅을 파헤쳐도 자연의 풍성함은 모든 것을 포용한다. 이런 시간이 성준이에게 많이 있으면 좋겠다고 생각하곤 한다. 성준이가 타고난 성품대로 적극적으로 탐험할 수 있는 곳 말이다.

"같이 놀이공원 가요."

성준이가 자주 하는 말이다. 자유이용권 사주고 롯데월드에 성준이를 풀어 놓으면, 혼자 찾아다니며 잘 논다고 한다. 지나다니며 자잘한 문제행동을 하겠지만, 아마도 직원들이 위험한 일은 살펴줬을 것 같다. 성준이 말고도 더 어린 두 아이를 돌봐야 하는 어머니 입장에서는 다행히 길을 잘 찾아다니는 성준이에게 자유를 줄 수 있는 공간이 놀이동산이었을 것이다.

성준이가 탐험가처럼 곳곳을 누비며 즐기는 모습이 상상된다. 눈빛이 빛나고 발걸음이 활기찬 젊은 청년의 모습이다. 그러나 어딘가 모르게 어깨가 쓸쓸하게 느껴진다. 어깨를 나란히 할 친구들이 없기 때문이다.

그어놨던 선

"올해는 성준이가 적당한 또래 모임에서 시간을 보낼 수 있으면 좋겠는데….”

어머니는 그동안 성준이가 개인 지도를 많이 받아서 좋아졌다며 또래들과 함께 지내기를 원하셨다.

"같은 학년 모임이 있기는 한데, 죄송하지만 제가 자신이 없어요."

나는 솔직하게 대답했다. 어머니는 당황해하신다. 성준이도 많이 성장했지만, 또래들은 그간 더 많이 성장해서, 그 간격은 전보다 커졌다고 나는 느끼고 있었다. 그래서 아직 충동적이고 자신이 하고 싶은 일에 더 집중하는 성준이와 예민해질 대로 예민한 사춘기 또래들을 함께 돌볼 자신이 없었다.

프로그램도 개발하자면 신경 쓸 일이 많았고, 성준이와 다른 아이들의 욕구를 동시에 대처할 만한 체력도 안 된다고 생각해서, 마음으로는 선긋기를 시작하고 있었다. 또한 성준이보다 어린 그룹은 또래 중 가장 키가 큰 성준이와는 너무 차이가 난다.

그러나 그 사실을 말로 뱉고 나니, 어머니에게는 가혹하기 짝이 없는 이야기여서 마음이 아팠다. 그간 애쓰신 어머니의 노고를 나도 잘 알고 있기 때문이다.

어머니는 성준이와 성준이 동생들을 치료실에 태우고 다니느라 1년에 평균 6만 키로를 운전한다. 그런데도 어머니는 주말이고 늦은 밤이고 상의할 것이 있으면 언제든지 통화가 가능하다. 그만큼 세상에서 가장 깨어있는 시간이 긴 어머니다.

그 대화 후로 불편한 마음이 가라앉지 않아 성준이가 결석하는데도 성준이 어머니께 몇 주간 연락할 수 없었다. 한참 후에 성준 어머니께 연락해서, 그동안 마음먹은 얘기를 했다.
"6학년 그룹에 성준이를 넣어볼게요."
어머니는 반가운 기색이었다. 나는 이어서 어떻게 진행할 것인지도 말씀드렸다.
"복잡한 사고가 필요한 토론시간과 머리 식히고 즐겁기 위한 시간으로 반씩 구성하는데요, 두 시간 모두 같이 하는 것은 어려울 것 같아요."
이건 나름 많이 고민한 결론이었다. 성준이는 두 번째 시간에만 참여하고, 다른 아이들이 귀가하면 비는 시간만큼 성준이를 따로 지도할 생각이었다. 다행히 어머니도 나의 방식에 동의해 주셨다. 이렇게 해서 성준이와의 세 번째 해가 시작되었다.

성준이와 또래 아이들 간 가장 어려운 부분은 의사소통이다. 또래 아이들이 대화할 때 사용하는 단어들을 성준이에게서는 들을 수 없다.
또래 아이들은 거친 속어와 비어를 마구 섞어 친구들끼리 야유하고 놀리며 얘기한다. 마치 서로 누가 세게 욕하는지 경쟁하는 듯한 대화다. 어찌 보면 이것은 청소년기로 넘어가는 아이들에게는 반항놀이다. 지금껏 사회나 가정에서 꼬맹이로 살아온 시간을 거부하듯이, 아이들은 한껏 부풀려 으스대는 대화를 자주 한다.

나의 6학년 아들도 걱정스러웠다. 그러나 어느 날 이런 느낌이 왔다.

'저렇게 속을 다 드러내며 친해지는구나. 남자들은 그렇게 크는구나.'

이렇게 이해하니까 좀 편해졌다. 대신 나는 아들에게 때를 봐가며 조심하라고 당부한다.

또래 친구들과 깊이 대화하려면 묻기도 하고 따지기도 하고, 자기 생각을 이야기해야 한다. 상대방의 생각을 물어 알아내는 훈련도 필요하다.

성준이와 마주 앉아 눈을 마주치고 대화를 시작했다. 성준이는 처음에 '이거 뭐지?' 하는 생경한 눈빛이었는데, 이야기를 시작하자 금방 '아~ 이런 거? 해보고 싶었는데'라는 눈치였다.

"성준이 오늘 몇 시에 일어났어?"

"7시에 일어났어요."

성준이는 흥미 가득한 눈빛으로 대답한다.

"7시에 스스로 일어나?"

"네. 7시에 일어나요."

"7시가 되면 누가 깨워줘? 성준이가 스스로 일어나?"

"7시에 일어나요."

스스로 일어나는지 누가 깨워주는지에 대한 답은 하지 않는다. 그냥 7시에 일어난다고만 얘기한다. 나는 그냥 지나갔다.

"그다음에는 뭐 했어?"

"밥 먹었어요."

"그랬구나. 일어나면 바로 식사해? 뭐 먹었어?"

"연어 스테이크 먹었어요."

"맛있는 거 먹었네. 성준이 일어나자마자 밥 먹어?"

"네."

"일어나서 식사하기 전에 하는 일은 없어?"

"밥 먹어요."

밥 먹기 전에 세수를 할 것 같았지만, 그냥 넘어간다. 이런 식으로 여러 이야기가 오고 갔다. 이번에는 성준이가 물어보도록 유도했다.

"성준아, 너는 샘한테 궁금한 거 있어?"

성준이가 "음... 음..."하며 입을 떼지 않는데, 10초 정도 시간이 지나자 눈빛이 산만해진다. 생각해서 질문하는 것이 어려운 것이다. 자극을 줘봤다.

"성준이, 샘한테 관심 없구나."

"아니에요. 관심 있어요."

"그래? 그런데 궁금한 게 하나도 없어?"

"샘 향긋해요."

동문서답이다. 성준이 대답을 받고, 다시 물었다.

"그래? 그렇게 칭찬해주니까 좋네. 그런데 묻고 싶은 거는 없어?"

"음... 음... 샘은 오늘 어디 갔어요?"

"샘은 오늘 아침에 집에서 센터로 출근해서 계속 있었어. 여기서 무슨 일이 있었는지 궁금하지 않아?"

성준이가 고개를 끄덕인다.

"나는 아침에는 주로 청소하는데, 오늘은 이거 배달돼서 정리하고, 저거 배달돼서 설치하고 하느라 좀 바빴어."

"힘들었겠다."

성준이의 위로가 내 마음에 가볍게 퍼지며 따뜻해졌다. 그렇게 시간이 가고, 귀가를 위해 성준이 활동보조 샘과 있었던 이야기를 나누고 있는데, 성준이가 그 새를 노리고 프로그램실로 들어가 승마기 전원을 연결하고 켠다.

"성준아, 그건 이제 그만! 또 하고 싶으면 샘과 먼저 이야기하고 하는 거야!"

"혼나는 거 같네."

성준이 대답이 의미하는 바를 모르는 것은 아니지만, 다시 단호하게 "약속! 규칙 지키기!" 하며, 새끼손가락도 걸고 손바닥 사인도 하고, 손바닥끼리 부딪치며 카피도 했다.

생각해보면 성준이는 나를 늘 호의적인 표정으로 반겼다. 함께 있으면 마음이 편안하고, 좋다. 내가 어디에서 누구를 만난들 성준이처럼 나에게 호의적이고 투명하게 대하는 사람과 관계할 수 있을까 생각하니, 성준이와의 시간이 새삼 나에게 소중하게 느껴졌다.

'그동안 나도 모르게 성준이한테 그어놨던 선, 이제 초심으로 돌아가 점검해봐야겠다.'

나 화장실 갈래

장애인들의 연주

"꿈공작소 친구들과 함께 하는 행사를 만들어도 될까요?"
부모들에게 자녀교육 강연을 해주었던 이광구 샘의 전화였다. 사회적농업, 잘 모르는 내용이어서 얼른 그림이 그려지지 않았다. 그러나 무엇이든 돕고 싶었다. 본래 결정이 신중한 편인데도, 나는 "할게요"라고 곧바로 대답했다.
"제가 돕는 게 아니라, 우리 아이들한테 좋은 경험이네요."
무슨 내용인지 자세히 듣고 내가 한 말이다. 장애인 중 악기를 잘 다루는 친구들이 있는데, 그 친구들이 꿈공작소에 와서 연주를 하고, 홍대 미대를 나온 황대익 화가가 장애인 음악가들을 그리는 거였다. 그리고 꿈공작소 친구들도 함께 그리며 황대익 화가 그림과 비교도 하고 평도 받는 것이다. 좋은 제안이었다.
아이들이 화가를 만나는 것도, 장애인 음악가를 만난다는 것도, 이광구 샘처럼 성품이 좋은 지역활동가를 만나는 것도 모두 의미 있고 쉽게 만나기 어려운 일이다. 게다가 교육적으로는 가치를 매길 수 없이 좋은 일이다.

참여자를 어떤 친구들로 할지 많이 고민했다. 결국 어린 남자 친구들과 뇌병변 2급 진단이 있는 민석이가 속한 그룹으로 정했다. 그 아이들은 아직 유연하고 털털했다. 그러나 이미 특수교육 대상자가 한 명 포함되어 있고, 어린 남자 친구들 특유의 산만함과 공격성을 생각하면, 어려운 시간이 될 것이 분명했다.

약속한 날짜가 다가오자, 어린 남자 친구들이 가만히 음악을 듣고 있을지 확신이 서지 않았다. 게다가 음악은 나에게는 약한 부분이고, 아이들과 해본 적이 없는 분야다. 고심하다가 한 가지 활동을 더 추가했다. 작은 크기의 단순한 악기를 몇 가지 준비해, 연주에 맞추어 느낌으로만 합주를 하게 하는 것이다. 엉성하고 소란스러운 시간이 되겠지만 해봄직 하다고 생각했다.

그날이 되었다. 아이들은 뭐가 뭔지 모르지만, 의자 배열이나 분위기가 평소와 다르니 표현을 아끼고, 경험해 보자는 눈치다. 새벽이의 플루트 연주가 시작되었다. 두어 곡을 감상하며 아이들은 연주자를 그리고, 화가는 전체 모습을 그리기 시작했다.

"나 쉬 싸고 올래."

연주가 끝나자마자 새벽이가 바로 화장실로 향했다. 이상

손풍금 연주하는 새벽이를 화가가 그리고 있는 장면을 아이들이 구경하고 있다. 아이들에게는 장애인의 연주와 화가의 그림 모두 신기하기만 하다.

하게 생각하는 아이들에게 이광구 샘이 새벽이의 행동에 대해 간단히 설명해주었다. 아이들이 그림을 이어 그렸고, 그림에 대해 황대익 화가가 소감을 얘기해주었는데, 아이들은 귀 기울여 들었다.

그 후 나는 아이들에게 소형 하프, 실로폰, 팬드럼, 칼림바, 바이올린 등의 악기를 나눠줬다. 새벽이의 연주에 맞춰 아이들의 합주를 진행하려는데, 생각지 못한 갈등이 벌어졌다. 악기 종류를 놓고 아이들 간에 싸움이 벌어졌다. 늘 순하고 양보를 잘하는 민석이와 평소 호불호가 분명한 정우가 무슨 이유인지 둘 다 바이올린을 하겠다고 싸우는 것이었다.

예상치 못한 일이었다. 둘 다 고집이 보통이 아니었다. 나는 민석이가 이러는 경우가 드물고 장애가 있기에 정우를 타이르기로 했다. 정우는 이해는 했지만, 양보는 어려워 울기 시작했다.

"그럼 니가 해."

민석이는 울기까지 하는 정우에게 마음이 쓰이는지 선뜻 양보했다. 그러나 자기 맘에 안 맞으니, 겉돌기 시작했다.

"난 악기 관심 없는데…."

지율이는 이렇게 말하며, 의자 깊숙이 몸을 묻고 있었다. 평소 낯을 많이 가리는 아이라 낯선 손님들 틈에서 어색한 악기까지 다루어야 하니 불편했던 모양이었다.

태주랑 유현이랑 우진이는 실로폰과 칼림바, 하프로 이런저런 소음에도 새벽이의 플루트 연주를 들으며, 그 소리에 맞추어 자신만의 박자와 소리를 만들어 냈다. 훌륭한 합주는 아니지만, 기대했던 모습이 거칠게 그려졌다. 여럿이 만들어 내는 하모니는 모두에게 특별한 경험이었다.

동네 할머니 강사

며칠 후 만난 이광구 샘이 새 제안을 했다.
"동네 어르신을 모셔와 얘기 나누면 어떨까요?"
지금 생각해도 이광구 샘의 이런 발상들-약자들을 생각하는 세심함과 그들을 무대에 올려 주인공이 되게 하자는 창의적 생각, 그리고 그것을 이루려고 몸으로 뛰는 헌신-이 정말 멋지다.

지역 어르신을 모시는 문제는 진로 프로그램을 구상하며 생각해 본 적이 있는 부분이어서 금방 이해됐다. 말씀해주실 어르신은 내가 찾아보기로 했다. 할머니께서 들려주시는 우리 동네 옛날이야기 정도를 생각하고 찾아 나섰는데, 쉽지 않았다. 어르신들은 부끄럽다고 선뜻 나서지 않았다.

몇 번의 거절을 통보받고, 의지가 꺾이고 있는 시점에 동네 바느질 방을 찾았다. 있는지도 모르고 지나치던 곳인데 수의를 만드는 곳이란다. 그리고 수의 지으시는 양순자 어머께서 내용을 들으시고는 선뜻 해주겠다고 하신다. 나는 눈이 빛났다. 찾던 분을 찾은 것이다.

몇 번 찾아뵙고 내용을 정리하며 원고를 작성했다. 한 번도 들어보지 못한 전쟁 이야기, 온수리에 시집오셔서 40년째 살고 계신 이야기, 지금은 변화되어 가고 있는 수의 짓는 이야기까지 내용이 신선하고 의미 있었다.

어머니를 일찍 여읜 나는 어려서 알 수 없었던 내 어머니의 깊은 한숨의 의미를 양순자 어머니를 통해 이해했다. 내 어머니도 비슷하게 살았을 여성의 삶이 더욱 가슴에 와닿아 그리움이 더해갔다.

나는 아이를 낳고 다 회복되기도 전에 젖먹이들을 이고 지고 다니며 일을 했다. 일과 육아를 병행하다 보니, 몸을 추스를 시간이 부족해서 여기저기 아팠다. 처음 엄마가 되어 내가 아닌 다른 사람을 위해 많은 노력과 시간을 보내는 것이 행복하기도 했지만, 어쩐지 서러워 자주 울었다. 아무도 알아주지 않는 아픈 마음을 오로지 두통약만이 알아보는 것 같았다.

어머니들도 젊었을 때는 꽃다웠을 것이다. 그런데 바느질 방에 모여 계신 어머니들 얼굴에 앉은 잔잔한 주름이 힘든 시집살이와 없는 살림으로 아이들을 입히고 먹이느라 접혔을 어머니들의 분홍빛 꿈처럼 느껴져서 슬펐다. 내 경험과 더불어 여러 생각과 감정이 밀물처럼 마음을 가득 채우고 만조가 되어 눈물이 쏟아졌다.

아이들과 약자를 위하는 사회적농업 사업에 참여한 것인데, 나에게 아쉬움으로 남아 있던 기억들과 화해할 기회까지 얻게 되었다. 나와 지역사회와의 관계에도 촘촘하게 몇 가닥의 줄

이 더 생긴 것 같았다. 결국 내가 가장 큰 수혜자다.

좀 간지럽고 동화 같지만, 의도가 아름다운 사업이다. 이런 생각이 들었다.

'참여하면 할수록 더 많은 사람이 큰 도움을 받는 마법 같은 사업 아닐까?'

그날이 되었다. 응원꾼으로 자청한 친구 두 분도 함께 오셨다. 아이들과 황대익 화가도 자리를 잡았다. 황대익 화가가 어르신들을 그리고, 아이들도 각자 그렸다.

양순자 어머니는 연습을 여러 번 하셨는지, 본래 말씀을 잘하시는 분인지, 기대 이상으로 유창하게 이야기를 이어가셨다. 아이들을 비롯한 참여자들이 모두 꼼지락거림도 없이 집중했다. 동네에서 수의 만들기를 시작하게 된 이야기, 옛날 강화도 이야기, 시집와 보니 식구가 11명인데 하루 세끼 밥 차리

아이들이 할머니 얘기를 듣고 할머니를 그린 그림들

고, 낮에는 농사짓고 저녁 식사 후에는 밤새 콩 골라서 좋은 콩만 아침 장에 팔러 나가는 이야기까지, 생소하지만 정겨웠다. 참여하는 아이들도 모두 차분하고 진지했다.

'시골 동네에서 이런 근사한 만남이 이뤄지다니…'

놀랄만한 일이었다. 여럿이 한마음으로 연주한 풍부하고 깊은 선율의 오케스트라 같았다. 그렇게 시간이 후딱 지났다.

"얼굴이 보름달처럼 환하게 빛나고 행복해 보이더라."

동네 언니가 끝나고 바느질 방으로 돌아가는 양순자 어머니를 봤다며 해준 얘기다. 확인하지 못한 뒷모습까지 누군가는 보고 전달해 주니, 동네가 좁고 훈훈하다.

어른 성준이

'흑염소 없는 거, 보러 가요.'

이광구 샘이 준 포스터다.

'이거 뭔 말이지?'

어디서부터 무엇을 물어야 할지 떠오르지 않는 특이한 문구였다. 우선 받고 간단히 근황을 묻고 헤어졌다. 며칠 뒤 따로 시간을 내서 행사 안내지를 유심히 읽어보고 알았다.

'아~ 새벽이 화법이구나.'

내용을 보니, 고학년 아이들에게 시사하는 바가 있고 다양하게 짜여 있었다. 새벽이의 연주를 본 적이 있던 터라, 아이들에게 당당하게 이야기했다.

"장애인들이 연주하는 음악회에 초대되어 가는 거야."

행사 날, 고학년 아이들 6명을 내 차에 구겨 태우고 까페 '다루지'로 향했다. 맛있는 음식들이 가득 차려져 있었고, 장애인들이 그린 민화와 지역 화가들의 그림도 전시돼 있었다. 여성 중창단이 연습하는 정겨운 가요들이 라이브로 흘러나오고 있었다. 초저녁 등이 빛나고 가을 저녁의 정취가 마음을 향긋하게 물들였다. 배고픈 시간이다 보니, 아이들은 비싼 뷔페에 온 것처럼 금새 접시를 비우고, 가득 담아 오기를 여러 차례 하며, 정성스럽게 차려진 음식에 흐뭇해했다.

새벽이를 비롯한 장애인들과 그들을 돕는 분들이 주인공이었다. 장애인 오케스트라가 시작되고 악기들 간의 소리가 조화롭게 다루지 정원에 퍼져나갔다. 한 곡이 끝나고 이어 두 곡이 끝나자, 잠자코 듣고 앉아 있던 준상이가 물었다.

"저 사람들, 장애 있어요?"

"네가 보기엔 어떤데?"

내가 되물었다.

"악기를 너무 잘하는데요. 장애 있는지 모르겠는데…."

준상이는 알 수 없다는 듯 갸웃거렸다. 그러는 사이 준비된 연주가 끝나자 새벽이가 "나 화장실 갈래"라고 외치며, 연주자들 대열에서 먼저 나왔다. 우리 꿈공작소에서 연주할 때도 그랬다. 준상이 눈빛이 흔들린다. '저거구나'라고 생각하듯,

고개를 한번 가볍게 끄덕인다. 준상이의 질문과 눈빛이 내 마음을 차오르게 했다.

'이것이 산교육이지!'

그 뒤 새벽이를 우연히 동네 골목에서 만났다. 우리 센터 앞에 있는 정육식당의 문을 벌컥 열고, 식사 중인 손님들을 향해 다짜고짜 소리친다.

"화장실! 화장실!"

나는 뛰어가서 "새벽아!" 하고 불렀다. 새벽이가 돌아본다.

"새벽이, 혼자 왔어요?"

새벽이는 대답은 하지 않고 자기 얘기만 계속해댄다.

"화장실, 화장실. 나 쉬 싸러 갈래."

잠깐의 소란 뒤에 주인아주머니가 나와서 아무렇지도 않게 안내한다.

"저기로 가."

새벽이를 아는 분이라고 생각되니 안도가 되었다. 새벽이와 관계된 분 중 내가 아는 광구 샘에게 전화를 했다.

"주변에 아빠가 있을 거고, 곧 아빠한테 찾아갈 겁니다. 걱정 안 해도 돼요."

나는 그 말을 듣고, '이런 일이 자주 있는 일인가 보다'라는 생각을 했다.

또 한번은 주차장에서 막 시동을 걸고 나가려는데, 새벽이가 내 차를 보고는 손으로 막고 세운다. 전에도 내 차를 보고,

"이거 타볼래" 하며 관심을 보인 적이 있었다. 타보고 싶은 눈치여서, 차를 다시 주차선에 맞추어 세우고 시동을 껐다. 마침 시간이 여유로워 차 문을 활짝 열어주었다. 빠른 속도로 보조석에 올라탄 새벽이가 부산스럽게 여기저기를 뒤진다. 보조석 서랍도 열어보고 중앙 씨디(CD)상자도 열어보고, 차 문 수납공간도 뒤져보고, 뒷좌석 쪽으로도 두리번거린다. 생각했던 것 이상의 반응에 당황스럽다.

"새벽이 뭐 찾아요? 별거 없어요."

말리듯 말하는데, 새벽이는 그런 말 많이 들어봤다는 투로 대답하며 계속 뒤진다.

"별거 있어!"

내가 별거 없다고 했는데, 별거 있다고 힘주어 말한다. 그러더니 찾는 것이 여기 있었다는 듯한 손짓을 하며, 보조석 서랍에 있던 휴대용 화장지를 들어 보인다.

"새벽이가 찾던 것이 그거야? 그러면 그거 가지고 가요."

새벽이는 진짜 챙겨서 내린다. 얼핏 보기에는 매끄러운 듯 보이는 이 장면이 정확히 표현하기는 어렵지만, 씁쓸하게 다가왔다.

며칠 뒤, 새벽이가 우리 센터로 들어왔다. 나는 반갑게 맞아주었다.

"새벽이 왔어요?"

그런데 수업에 참여한 유아부와 초등 저학년 여자아이들이 놀라며 울기 시작했다. 문을 벌컥 열고 갑자기 들어온 새벽이가 아이들은 무서웠던 모양이다. 아이들이 너무 무서워하자 새벽이도 당황한 듯 멈칫했다. 나는 아이들의 반응을 급히 수습했다.

"새벽이, 저기 의자에 우선 앉아요. 약속 없이 왔으니까 어린 친구들에게 가까이 가거나 만지면 안 돼요."

먼저 주의시켰다. 새벽이가 순순히 지정한 의자에 앉아 순한 눈빛으로 아이들을 바라보고만 있는데도, 아이들은 연거푸 "무서워, 무서워" 하는 소리를 했다. 밖에서 대기하고 있던 학부모들이 아이들 소리를 듣고 들어왔다.

"무슨 일이예요?"

"제가 아는 친구인데, 궁금해서 온 것 같아요."

이렇게 설명했지만 어머니들은 아이가 무서워하니 수업이 안 끝났지만 데리고 가겠다고 했다.

"아이들은 안전할 거고, 새벽이는 금방 갈 거니 안심하시고 조금만 기다려 주세요."

내가 이렇게 말하며 아이들을 보니 아이들도 고개를 끄떡인다. 나는 이광구 샘한테 전화를 했다.

"미안해요. 금방 보호자가 가도록 할게요."

나는 혼자 해결하지 못하고 불편한 상황을 알린 것 같아 미안한 생각이 들었다. 잠시 후 새벽이 아버지가 와서 또 미안하다고 했다.

언젠가 나도 성준이를 데리고 다니며 사과한 적이 있다. 성준이가 의도하지 않은 일이지만, 상대를 불편하게 한 일이 발생하곤 한다. 그런 경험 때문인지, 새벽이 아버지의 마음이 어느 정도 가늠된다. 아마도 나보다 수백 배나 많은 경험이 있을 것이라고 생각하니, 마음이 편치 않았다.

새벽이는 어느 면에서 어른 성준이 같다. 새벽이도 성준이처럼 자폐 장애를 가지고 있으니, 유심히 보게 된다.

'성준이도 어른이 되면 새벽이처럼 될까?'

네덜란드식 (다대다)돌봄농장을 꿈꾸다

'새벽이가 장애인이냐고 몇 번 물어왔어요.'

꿈공작소 김은희 소장이 문화제가 끝나고 보내온 카톡이다. 무대에서 악기를 연주한 새벽이가 장애인 같기도 하고 아닌 것도 같아서 애들이 물어왔다는 것이다. 그러면서 이렇게 덧붙였다.

'중간중간 새벽이가 "쿠키 먹어요!"라고 소리칠 때마다 '장애인이라 저러는구나'라고 생각하는 것 같더라고요.'

나는 이렇게 응대했다.

'애들이 관찰을 잘 했네요. 이런 것도 장애인식 교육의 일부 겠지요.'

(발달)장애인들과 어울리기

꿈공작소는 가정형편이 어려운 초등학생들의 방과후 지도를 하는 곳인데, 특별히 진로지도에 초점을 두는 기관이다. 그래서 김 소장은 지역의 이런저런 현장에 아이들을 많이 데리고 다닌다. 이론이 아니라 몸으로 세상을 익히라는 뜻이다. 그런 김 소장에게 나는 '화가와 장애인의 세계'를 아이들에게 보여주자는 제안을 했다.

발달장애인인 새벽이가 손풍금(아코디언) 연주를 하고, 화가가 그걸 그림으로 그려주는 걸 보여주자는 것이었다. 이런 과정을 통해 장애인을 우리와 함께 살아가는 평범한 사람으로 바라볼 수 있게 하고, 중견 화가의 스케치 솜씨를 경험하게 함으로써 미술의 세계도 맛보게 하자는 뜻이었다.

초등 2학년 아이들을 상대로 한 첫 시도였는데, 분위기는 많이 어수선했다. 그렇지만 아이들의 호기심을 자극해보려는 숨은 의도는 어느 정도 이뤄진 것 같았다. 그리고 며칠 후 길상면 선두리의 아름다운 카페 다루지에서 '흑염소 없는 거, 보러 가요'라는 제목의 문화제가 열렸다.

장애인 친구들이 악기연주를 하고, 만든 영화와 그린 민화를 보여주는 자리였다. 말 그대로, 이름 없는 장애인 친구들이 주도하는 문화제에 동네 사람들이 백 명 넘게 모였다. 카페 주인은 장소를 빌려주고, 협동조합 이사들은 김밥과 샌드위치 그리고 쑥떡을 만들어왔다.

특별한 음식은 과자(쿠키)였다. 강화교육지원청의 장애인 제빵교실 출신인 두 친구에게 나는 행사에 쓸 과자를 만들어보자고 제안했다. 친구들은 반갑게 제안을 받았고, 교육청의 제빵실을 빌려 이틀 내내 100명 분이 넘는 과자를 만들었다.
"제빵실 샘이 굉장한 성공이라고 말했어요."
이렇게 말하며 두 친구들은 자신들이 어려운 일을 해냈다고 무척 자랑스러워했다. 행사 날에도 일찍 와서 준비하고, 끝난 뒤에는 늦게까지 뒷정리를 했다. 나는 과자 만들던 첫날 밤에 제빵실 청소와 설거지를 도와주고, 족발을 함께 사 먹었다. 친구들은 먹는 것보다 얘기하는 걸 더 좋아했다. 행사 끝나고 뒷정리하고 저녁 먹을 때도 친구들은 말이 많았다. 더 특이했던 건, 행사 다음날 저녁에 한 친구한테서 온 전화였다.
"지금 일어났어요."
과자 만드는 것도 다 끝났고, 행사도 끝났는데, 지희는 늦잠 자서 크게 잘못했다고 생각해서 전화를 한 것이었다. 이쯤 되면 지희가 이번 행사를 얼마나 소중하게 생각했는지를 짐작할 수 있다.
지희는 정신과 약을 먹고, 몸도 아픈 데가 있다. 잠이 불규칙하고 늦잠을 자느라 약속을 못 지키는 일이 많다. 그런데 이번에 과자 만드는 책임을 완수하느라 바짝 긴장했던 모양이었다.
다른 한 친구인 미선이는 모임에서 거의 말을 하지 않고, 몸이 아파 병원에 가서 여러 차례 진단을 받았지만 정확한 원인을 못 찾았다. 그래서 더 불안해하고 자꾸 아프다고 한다. 나는 이 친구들에게 이렇게 놀려(?)주었다.

"나는 너무 바빠서 아플 틈이 없어."

내가 2년 동안 영화모임을 같이 하면서 살펴봤는데, 이 친구들은 할 일이 별로 없다. 친구도 몇 안 되는 것 같고, 돈 버는 일은 거의 없다. 한 친구는 군청에서 주는 임시 일자리를 두어 달 했다. 카페 일도 두어 달 했는데, 그러던 어느 날 시내에서 쓰러져 병원에 실려 간 이후로는 그 일도 못 하고 있다. 일도 없고 놀 친구도 거의 없으니 집에 있는 일이 많고, 먹는 것과 자는 것이 규칙적이지 않다. '이렇게 살면 없는 병도 생기지 않을까?' 하는 생각이 들 정도다.

나는 이 친구들에게 제안했다.

"나 따라다니며 일할래?"

평소 하는 걸 보면, 싫은 건 금방 반대하는데, 내 말에는 그렇지 않았다. 특히 미선이가 더 관심을 보였다.

"고구마 캐야 하고, 들깨도 베야 해."

말은 이렇게 했지만, 농사일은 좀 힘들겠다 싶었다. 그래서 나는 새로운 제안을 했다.

"내일 모레, 아는 사람들하고 교동에 사진 찍으러 가는데, 같이 갈래?"

미선이는 동의했다. 그날 오전 내내 교동 이곳저곳을 같이 다녔다. 점심을 같이 먹고, 우리는 일행과 헤어져 철산리 우리 집으로 와서 들깨 수확을 했다. 미선이는 처음 해보는 거라고 했다. 일을 안 해봐서 그런지 힘도 없어 보였다. 그래도 나와

아내가 일하는 동안, 미선이도 했다.
"이제 들깨 수확도 해봤네~."
"그렇네요."
이렇게 대답하는 미선이 표정이 평소보다 밝았다.

여럿이 모이면 서로 돌봄이 가능

내가 대표로 일하는 '농업회사법인 강화밝은마을'(이하 밝은마을로 줄임)은 발달장애인 가정들이 주로 모여서 만든 회사다. 강화의 농산물을 외지에 파는 일을 하면서, 장애인들과 함께 영화모임과 음악모임을 해왔다. 지렁이농장에 커피 찌꺼기를 수거해 운반해 주는 일도 장애인들과 함께해왔다.
그러다 올해부터 농림축산식품부에서 선정하고 지원하는 사회적농장이 되었다. 정확히 말하자면, 지역사회서비스공동체다. 밝은마을과 다른 4개 기업이 함께 장애인과 노인 등 사회 약자들을 위한 일을 하는 사업이다. 특별한 일이 없으면 5년 동안 지원받는 사업이다.
"안 그래도 하고 있는 일인데, 돈 대준다니 더 좋은 일이죠."
주변에서 사회적농업에 대해 물을 때 내가 하는 말 중 한 대목이다. 사회적농장으로 선정되면서, 일이 지난해보다 훨씬 많아졌다. 장애인 가정들이 토요일마다 모여 텃밭 농사를 짓는다. 혼자 사는 어르신들에게 식사 재료를 나눠주는 일도 한다. 영화모임과 음악모임 횟수도 더 많아졌다. 지렁이농장에서 재활용하기 위해 커피를 수거해 오는 카페 수도 두 배로 늘었다. 어르신들의 불편한 점을 조사하는 일도 하고 있는데, 그 결과를 분석해서 실제 도움이 되는 서비스를 할 계획이다. 장애인과 어르신들의 삶을 글과 그림으로 표현하는 일도 하고 있다.

이런 활동들을 모아 '흑염소 없는 거, 보러 가요.'라는 제목의 문화제를 한 것이다. 지역사람들과 장애인들이 어울리는 마당을 만들기 위한 것이고, 장애인 친구들 입장에서는 사람들 앞에 자신있게 서보는 기회를 갖기 위한 것이다. 문화제를 구경한 장애인 중에는 이날 선보인 음악, 미술, 영화모임에 참석하겠다는 친구도 있었다.

농림축산식품부에서 선정하고 지원하는 사회적농업은 농

체격이 큰 30대 초반 지훈이가 돌봄농장에서
6살 아이와 다정하게 노는 모습.

업과 농촌을 활용해 지역사회의 사회적 약자들에게 일자리, 교육, 돌봄 등을 제공하는 사업이다. 서유럽의 네덜란드, 이탈리아, 아일랜드 등에서 하는 사회적농업을 많이 참고한 사업인데, 보건복지부에서 하는 사회복지 사업과는 복지를 제공한다는 점에서는 비슷하지만, 그 방법은 크게 다르다.

나는 장애인 사업을 하겠다고 설립한 '강화밝은마을' 일을 하면서 개인 차원에서 장애인 활동보조 일을 3년째 하고 있다. 이 일은 장애인과 활동지원사가 일대일로 대응해서 장애인의 이동과 활동을 지원하는 일이다. 수당은 1시간에 14,800원인데(공제 전), 활동지원사 개인의 수익 차원에서는 사회적농업보다 훨씬 좋다. 그러나 장애인의 만족도나 활동지원사의 보람은 그다지 크지 않다. 장애인과 활동지원사가 일대일로 몇 시간 같이 있으면 둘 다 지치고 따분해질 뿐이다.

사회적농업 차원에서 장애인은 여러 사람을 만나게 된다. 비록 사회성은 많이 떨어지더라도 장애인도 여러 사람을 만나 교류하고 싶어한다. 텃밭 농사를 하든, 문화활동을 하든, 다른 경제활동을 하든 마찬가지다.

내가 돌보는 삼십 대 초반 청년은 어떤 면에서는 정신연령이 5~7세 수준이고, 노동능력은 매우 떨어진다. 이 청년과 내가 단둘이 있으면 나는 꼼짝없이 이 청년을 살펴봐야 한다. 그런데 이 청년이 돌봄농장에 가면 상황은 전혀 달라진다. 그 농장에 오는 6살 아이와 청년은 손잡고 함께 돌아다니기도

하고, 청년이 아이를 번쩍 들어 안고 돌아다니기도 한다. 농장
에서 아이가 청년의 손을 잡고 걷다가 청년의 손을 어루만지
며 이렇게 말했다.

"형아, 형아는 손이 왜 이렇게 커?"

논리적 설명을 못하는 청년은 그냥 웃기만 했다. 식당에서
또 다른 6살 아이가 엄마한테 혼나 울고 있었다. 그러자 청년
이 그 아이의 뒤에 가서 어깨를 가만히 만져주었다. 그 쉬운
'울지마'란 말도 못하고, 그저 서 있기만 했다. 그래도 아이는
기분이 좋아져 이내 울음을 그쳤다.

다대다 돌봄인 네덜란드의 돌봄농장

　네덜란드의 돌봄농장은 우리에 비해 규모가 꽤 크다. 농장
주변에 사는 장애인, 노인, 술중독자, 어린이 등 사회 약자들
이 주로 낮에 농장을 찾아 서로 사귀고, 식사도 하고, 적당히
노동도 한다. 농장은 농축산물과 가공품 생산도 하고, 일반인
을 상대로 영업도 한다. 정부는 사회 약자들이 그 농장을 이
용한 시간에 비례해 예산을 지원한다.

　주로 일대일 대응인 우리나라의 사회복지 제도에 비해 나
는 네덜란드의 돌봄농장 모델이 훨씬 효과가 좋을 것이라고
생각한다. 우리나라의 사회적농업 역시 기존 사회복지 제도에
비해 예산 대비 효율은 훨씬 높다고 본다. 당장 제도를 바꿀

수는 없더라도, 가능한 방법을 최대한 활용해 더 좋은 방식을 실천해 나가야 한다. 그 방향은 첫째 쾌적하고 넓은 자연환경, 둘째 일대일 돌봄이 아니라 다대다 돌봄이다.

얼마 전에 발달장애인 주간활동센터를 보기 위해 부평구에 간 적이 있다. 장애인 단체에서 운영하는 것이었는데, 도심의 큰 건물에 입주해 있었다. 나름 넓은 공간에 깔끔하게 운영하고 있었는데, 나는 강화에서 만나는 장애인 친구들을 이런 곳에 보내고 싶지 않았다. 왜냐하면 넓은 자연을 대하고 이곳저곳 다니는 친구들에게는 이곳이 아무리 프로그램을 잘 운영해도 재밌을 것 같지 않았다. 다대다 돌봄이 유익한 것은 위에서 설명한 사회적농업의 돌봄농장과 네덜란드의 돌봄농장 사례만으로도 충분히 이해될 것이다.

나는 강화에서 폐교를 지역사회와 연계된 돌봄농장으로 만드는 것을 꿈꾸고 있다. 폐교에 식당, 사무실, 숙소, 체험장, 판매점 등을 만들고, 인근에 사는 어르신, 장애인, 어린이 등이 출퇴근하듯이 주로 낮에 이용하게 한다. 가까이에 있는 농지와 산림도 돌봄농장의 활용대상이다. 인천 관내의 장애인을 비롯한 학생들이 이런 곳에 와서 숙박을 하며 배우고 쉴 수 있다.

당장 제도를 네덜란드식으로 바꾸지 않더라도, 현재 제도를 잘 활용하면 내용상 네덜란드식 다대다 돌봄을 넓고 쾌적한 농촌 공간에서 이룰 수 있다. 폐교가 인천교육청 소유이고, 인천교육청 관내 학생들이 이 공간을 많이 활용한다는 점을 생각하면, 인천교육청 예산을 적절히 활용해서 제도상 충분하지 않은 점을 보완할 수 있을 것이다. 주민들의 복지가 개선된다는 점을 생각하면 인천시와 강화군 예산도 일부 지원될 수 있을 것이다.

복지는 우리 사회의 가장 큰 화두 가운데 하나다. 강화에서 지역주민에 적합한 새로운 모델이 자리잡게 되면, 수도권에서 가깝기 때문에 적절한 영업도 가능할 것이다. 예를 들어, 수도권의 장애인, 노인, 학생들이 단체로 이 공간을 이용하러 올 수도 있고, 부모들이 며칠씩 장애인 자녀를 유료로 맡길 수도 있을 것이다. 나아가 이 자체가 관광상품이 될 수도 있을 것이다. 수도권에 있고 강화의 역사와 자연환경이 좋은 점은 복지 상품(?)의 영업에도 크게 장점으로 작용한다.

안 되는 이유를 찾자면 천 가지를 댈 수 있다고 한다. 반대로, 되는 이유를 찾자면 단 한 가지면 된다는 말이 있다. 바로 '내가 하고 싶다'는 그것이다. 인천교육청과 인천시 그리고 강화군이 도와주지 않아서 안 되는 것이 아니다. 제도가 부실해서 안 되는 것도 아니다. 내가 올바른 꿈을 꾸고 있는지가 더 중요하다. 바로 내 곁에 있는 장애인과 어르신 등 사회 약자들의 삶을 더 행복하게 해줄 꿈을 내가 제대로 꿈꾸고 있는지를 되돌아볼 일이다.

이런 꿈은 강화뿐만 아니라, 도시에서도 변두리 산림이나 농업지역에서 충분히 해볼 수 있다.

돌봄과 복지가 농업과 만나는
네덜란드 케어팜을 가다

조예원 글 | 사진   carefarm

라임나무가 보호하는 치유 공간 **린드블룸케어팜**
낮은 땅의 진심 **헷하록케어팜**
케어팜도 아이디어가 승부한다 **블로엔달케어팜**
다재다능한 케어팜 **드후퍼농장**
기본에 충실한 케어팜 **밀마스다이크농장**
중독인 재활과 프리미엄 식품의 만남 **린덴호프오픈가든**
돌봄을 통한 치유 공간 **굿랜드케어팜**
배우고 싶은 케어팜 **파라다이스농장**
도심의 힐링 공간, 도시 케어팜 **푸드포굿**
치매 돌봄과 농장의 성공적인 결합 **에이크후버**
중증 치매 환자도, 가족도 행복한 케어팜 **드레이헤르스후버**

조예원 지음, 『네덜란드 케어팜을 가다』(그물코, 2020)

5년의 꿈

'우리 배 탔어요'
한참 원고를 쓰고 있는데, 화면 한쪽에서 글이 올라온다.
'무슨 배?'
이런 생각을 하는 순간, 사진이 올라온다.
'아, 노감뿌리 간다고 했지….'
주말농장 식구들은 오늘 도장리에 있는 노감뿌리 농장에 갔다. 연초에 세운 사회적농업 주말농장 프로그램은 끝났지만, 애들이 보채서 토요일마다 계속 모인다.

마음 편한 농장

언젠가 선우 맘이 말했다.
"아침에 선우가 말 안 들어서 협박했어요."
"무슨?"
시우 맘이 추임새 넣듯이 물었다.

"농장에 안 간다고…."

그렇게 말하며 선우 맘은 멋쩍게 웃었다. 다른 사람들도 같이 웃었다. 그도 그럴 것이, 선우 버릇 들이느라 안 올 선우 맘이 아니란 걸 다 알기 때문이다. 그러자 선우 맘이 낯빛을 바꾸며 말했다.

"근데, 선우가 계속 말 안 들으면, 협박한 대로 오지 말아야 하나 싶더라고요."

그 말에 다들 크게 웃었다. 남 얘기가 아니라, 바로 자신들의 얘기이기 때문이다. 나도 그 상황을 이해한다. 새벽이가 말 안 들을 때 내가 할 수 있는 첫 번째 말이 그런 것이다.

"그러면 새벽이 안 데리고 다닌다!"

그럴 때마다 새벽이가 잠시라도 움찔하고 말을 들으니 다행이다. 계속 안 들어도, 정말 안 데리고 다닐 수는 없는 노릇이기 때문이다. 선우 맘도 같은 심정이다. 선우가 장화리 돌봄농장 오는 걸 좋아하니까, 그걸 협박수단으로 이용하기는 했지만, 정말 안 오는 건 더 힘든 일이다.

그런데 선우 맘은 선우가 돌봄농장을 좋아해서 오는 걸까? 나는 이런 의문을 농장 책임자인 새벽이 아빠한테 이렇게 물은 적이 있다.

"주말에 안 쉬고 인천에서 여기까지 오가는 게 힘들지 않을까?"

새벽이 아빠는 짧게 한마디로 응답했다.

"여기 오는 게 편하대."

나는 고개를 끄덕였다. 그리고 새벽이 아빠가 이어서 말했다.

"남 눈치 안 봐도 되니까 좋은 거야."

"그렇겠네."

엄마들은 보통 아이들을 어디 데리고 다닐 때 신경을 많이 쓴다. 장애인 부모들은 더 그렇다. 이런저런 설움도 많이 당한다. 부모가 아닌 나도 장애인 활동지원사로 새벽이나 지훈이를 데리고 다닐 때 눈치를 많이 봤다. 그렇지만 나는 부모와 처지가 다르다. 나는 다른 사람의 질책을 애들 탓으로 돌릴 수 있다. 서운한 일도 '내 자식 아니니까' 하며 넘겨버릴 수 있다. 그러나 부모는 다르다. 모든 질책과 눈치가 다 '내 탓'으로 느껴지기 때문이다.

돌봄농장에서 시우는 아무렇게나 놀아도 재밌다.
흙길에 넘어져도 괜찮고, 조금 다쳐도 걱정할 일이 아니다.

그런데 돌봄농장에서는 그런 눈치 볼 일이 없다. 애들은 그냥 놔둬도 자기들끼리 놀기도 하고, 닭이랑 개 그리고 염소한테 먹을 걸 주기도 하며 잘 논다. 그래서 애들은 재밌고, 엄마들은 편하다.

지난해 주말농장 식구들과 어느 카페에 갔을 때 일이다. 마실 것을 시키려고 맨 앞에 있는 나한테 직원이 낮은 목소리로 말했다.

"저희는 노키즈 존입니다."

순간 나는 노키즈란 말을 못 알아들었다. 그런데 뒷사람들 분위기가 썰렁했다. 누군가 작지만 단호하게 말했다.

"가자!"

직원은 내게 죄송하다고 사과했지만, 아이들을 돌려세워 나가는 엄마들의 마음은 상처받은 상태였다. 하지만 그 상처는 직원의 말이나 카페의 정책 때문만은 아니다. 더 큰 원인은 엄마들 마음이 언제든지 상처받을 준비가 돼 있는, 여린 상태이기 때문일 수 있다.

새벽이 아빠의 말이 계속 귓가에 맴돌았다.

"여기 오면 편하대."

"눈치 안 봐도 되잖아."

그렇다. 선우 맘은 선우가 농장에 가자고 해서 오는 게 아니라, 자신이 좋아서 오는 것이다. 얼마나 좋으면 안 해도 되는 합창을 위해 노래 샘까지 불러 연습까지 하고, 이웃 행사

씨마켓에도 가서 합창을 했을까 싶다.

엄마들의 합창

지난해 문화제는 수요일에 했다. 주말농장 엄마들은 직장에 다녀서 참석할 수 없었다. 그래서 올해는 토요일로 정했다. 주말농장도 우리가 하는 사회적농업의 주요 사업이고, 참여하는 식구들의 열정이 느껴져 꼭 참석하게 하고 싶었다. 뭘 하라고 하지 않았다. 그냥 참석해서 놀고, 무대에 잠깐 나와 인사하자고 했다. 그런데 무슨 바람이 불었는지 합창을 하기로 했다. 그냥 하는 게 아니라, 전문 노래강사를 불러 노래지도를 여러 번 받았다.

음식을 먹으며 잔디밭에서 뛰놀던 주말농장 아이들은 엄마들이 한쪽에서 연습하는 걸 재밌게 지켜봤다. 공연이 시작되자 아이들은 모두 관람석 앞자리에 얌전하게 앉아 구경했다. 드디어 엄마들이 무대에 올랐다.

'오, 멋진데?'

입구 쪽에서 손님들에게 음료 식권과 선물을 나눠주던 나도 주말농장 식구들의 합창을 경청했다. 마지막 부분에서 진규 맘이 관중석으로 다가왔다. 진규 맘은 노래를 부르며, 맨 앞자리에 앉아있는 선우를 살포시 안아주었다. 왜 진규를 안아주지 않고 선우를 안아주었는지는 모른다. 선우는 가만히 있었다. 모든 것을 엄마한테 맡기는 아이 모습 그대로였다.

"난 네가 좋아, 난 너를 사랑해. 언제까지나 내 곁에 있어 줘."

합창이 끝나면서 박수갈채가 쏟아졌다. 멀어서 보이지는 않았지만, 아마 선우는 눈을 동그랗게 뜨고, 구름 위에 뜬 기분이었을 것이다.

'출연하라고 하지 않았으면 서운할 뻔했네.'

무대에서 내려오는 주말농장 식구들을 보면서 내게 든 생각이었다. 삼십여 년 전 결혼식 때, 주례 없는 결혼식을 하면서 아버지가 마이크를 잡고 말하던 때도 나는 똑같은 생각을 했었다.

돌봄농장 엄마들이 문화제에서 합창하는 모습

"날씨도 추운신데…."

아버지는 이렇게 말을 시작했다. '날씨도 추운데, 라고 해야 하는데'라는 생각을 하며 나는 초조해했다. 그런데 아버지는 갈수록 목소리에 힘을 주며 단호하게 말했다.

"배운 사람들이 세상에 도움되는 일을 해야 합니다! 자기 혼자 잘 살려고 하면 안 돼요!"

결혼식장은 조용해졌다. 그 시절에는 주례 없는 결혼식도 없었고, 가족이 마이크를 잡는 일도 거의 없었다.

'평소 말이 없는 아버지, 초등학교만 다닌 아버지가 왜 이리 당당하시지?'

'저런 생각을 어떻게 마음속에만 품고 사셨지?'

나는 이런 생각을 하며 아버지 얘기를 들었다. 그리고 뒤풀이 때 아버지한테 말씀드렸다.

"아버지, 마이크 안 드렸으면 큰일 날 뻔했어요."

식구들은 모두 좋아서 크게 웃었다. 식구들에게는 내 결혼식도 기쁜 일이지만, 서울대 다닌 아들에게 '세상을 위해 살라'고 당당하게 말하는 아버지의 모습이 더 흐뭇했을 것이다.

그날 마이크 잡은 아버지 모습이 좋았던 것처럼, 나는 무대에 선 주말농장 식구들이 보기 좋았다. 엄마들이 노래하는 걸 보는 아이들도 행복해 보였다. 진행요원들과 관객들도 모두 즐겁게 보고 들었다. 관객들은 주말농장 맘들이 노래를 잘해서 박수를 쳤다. 그러나 주말농장 식구들의 당당하고 멋진 모습에 더 큰 박수를 보냈을 것이다.

감동받을 준비

지난해 사회적농업을 처음 시작하면서 문화제를 하기로 했다. 여러 활동을 하는데, 그걸 한데 모아보자는 뜻이었다. 어릴 때 학교에서 학예발표회 하던 기억이 났다. 딱 그 수준이었다.

학예발표회, 내용은 별로지만 참가하는 학생들은 준비를 엄청 많이 하고 기대도 크다. 구경하는 학생들 역시 진지하다. 축하하러 오는 부모도 들떠 있다. 왜 그럴까? 그때는 몰랐는데, 나중에 생각해 보니 비결은 그거였다. 바로 학생들 자신이 주인공이 된다는 거였다.

나는 그걸 학생운동과 노동운동을 하면서 깊이 느꼈다. 우리는 촌극도 하고 어설픈 풍물공연도 했다. 구경꾼은 바로 우리들이었다. 내용은 부실해도 우리가 주인공이고 우리 얘기이기 때문에 우리는 몰두했고 즐거웠다. 우리가 생각한 문화제도 그런 것이었다.

없던 것을 하려니 쉽지 않았다. 일단 사람을 많이 만나야 했고, 의견을 맞춰봐야 했다. 행사를 준비하면서 처음 만나는 사람도 있었고, 오가며 만난 사이도 있었다. 그렇지만 얘기는 어렵지 않게 이뤄지고 행사 준비는 하나씩 돼갔다.

하나씩 더해 가는 재미도 있었다. 내가 새벽이와 놀은 얘기를 글로 썼는데, 그걸 형수가 그림으로 그려주고, 그 그림을 소재로 허용철 화가가 행사 책자 디자인을 해줬다. 농어촌공사가 후원해줘서 행사 책자를 제대로 만들 수 있게 됐다. 내용을 채우기 위해 음악과 미술 지도해 주는 샘들을 접촉해 글을 받았다.

"제가 하고 싶은 얘기를 그대로 써주셨네요."

새벽이한테 손풍금 지도를 해주시는 김혜숙 샘 얘기다.

"샘이 하신 말씀을 그대로 옮긴 건데요."

나는 이렇게 사람을 만나고, 그걸 글로 옮기거나 다듬는 걸 좋아한다. 현수막을 주문해서 여기저기 다는 일도 많이 해봐서 어렵지 않게 했다. 강화마을 이사들은 음식을 준비했다. 장소 사용과 음료 준비는 카페와 상의했다. 자람도서관에서는 야외용 큰 스크린을 빌렸다.

만나는 사람마다 마음을 내주는 것이 너무 고마웠다. 안 되는 일도 별로 서운하지 않았다. 원래 뭘 해야 한다고 정해진 게 없기 때문이기도 하고, 처음이니까 하는 것 자체가 좋은 일이었다.

그렇게 행사를 준비하는 한 달 정도 나는 바쁘기도 했지만 하루하루 뿌듯한 마음으로 시간가는 줄 몰랐다. 그리고 행사는 별 탈 없이 잘 됐다. 행사 마지막에 내가 마이크를 잡았다.

"오늘 문화제 좋았습니다. 그건 내용이 좋아서 그런 게 아닙니다. 우리 모두 감동받을 준비가 돼 있기 때문입니다."

배 타는 놀이

"섬 같지 않아요."

처음 강화에 오는 사람들이 흔히 하는 말이다. 너른 들판 때문이다. 그 너른 들판들은 오래전부터 바다를 메워 만든 논이다. 그 가운데 하나가 도장리 들판인데, 원래 따로 떨어진 섬이었던 마리산 쪽을 본도와 합쳐서 만든 들판이다. 장하마을은 그 도장리에서 들판으로 쑥 뻗어나간 곳에 있는 마을이다. 강화에 와서 이사 다녔던 우리 가족이 잠깐 살았던 마을이기도 하다.

지금은 사회적농장이 된 도감뿌리농원을 하는 안재원 형님은 장하마을 토박이다. 도시에 나가 살다 나이 들어 고향으로 돌아왔다. 형님은 무농약 벼농사를 지으며, 양도면 친환경작목반장도 했다. 마음이 너그러운 형님은 작은 밭농사 짓는 이웃들에게 자신의 트랙터로 밭을 갈아주곤 했다.

"작은 밭이나 비닐하우스 있는 노인들은 그거 갈기가 어렵거든. 내 거는 작아서 비닐하우스도 잘 들어가."

이제는 사회적농업을 하니까 그런 활동을 하면 수고비를 조금 받는다. 안 그래도 사회적농업을 실천하는 분인데, 농림축산식품부의 사회적농업이 형님한테 날개를 달아준 셈이다.

그 날개는 장애인 아이들의 놀이 농업에서 더 효능을 발휘하고 있다.

형님은 농업과 농촌에 대한 그리움이 많고, 재주도 좋다. 그리고 농촌과 농업이 아이들에게 더 없이 좋은 놀이라고 생각했다. 그래서 형님은 도시 유치원 아이들과 초등학생들이 편히 놀러올 수 있는 농장을 만들었는데, 이름은 도감뿌리 농장이라고 지었다. 도감뿌리라는 이름의 유래는 멀리 고려시대까지 올라간다. 형님의 농장 터는 고려시대에 팔만대장경을 만들 나무를 바닷물에 담가 관리하던 도감이 있던 끄트머리다. 그래서 옛날부터 마을 사람들은 그 터를 도감뿌리라고 불렀다.

농사와 닭 등 가축 체험은 기본이다. 미끄럼틀과 그네 등을 차가운 쇠붙이가 아니라 나무와 밧줄 등으로 만들어서 아이들에게 더 인기다. 가장 멋진 건 연못과 배다. 논에 작은 연못을 만들고 배도 준비했다. 아이들은 배 타는 재미에 중독된다. 가장 심한 중독자(?)들은 양도면과 화도면의 초등학교 장애인 학생들이다. 아이들이 샘한테 자주 요일을 묻는다. 꼭 요일을 몰라서 묻는 게 아니다. 그건 농장에 가는 화요일이 기다려진다는 뜻이다.

이런 아이들을 상대하는 안재원 대표는 어린아이 같은 마음씨를 가졌다. 늘 미소를 띠고 있고, 농담을 진담처럼 한다. 농사도 농사놀이라고 하는 형님은 삶도 놀이처럼 산다. 천상

작은 연못에 띄운 나무배. 아이들은 배 타는 놀이에 중독(?)된다.

병 시인이 말한 것처럼, 인생을 소풍처럼 재밌게 산다. 재야목사인 김정택 목사는 또래인 안 대표를 이렇게 얘기한다.

"재원이는 어쩜 그렇게 생각이 말랑말랑한지 모르겠어. 재주도 좋고. 애들이 좋아하는 놀잇감을 뚝딱 만들어 버린단 말이야."

인생을 소풍처럼 재밌게 사는 이런 형님이 사회적농업에 제격이다. 실제로 지난 10여 년 동안 그렇게 해왔다. 이제는 나이가 들어 좀 힘들어한다. 마침 이럴 때 사회적농장이 됐고, 젊은 친구들도 운영에 참여하기로 했다.

나는 도감뿌리 농장이 우리가 만들고자 하는 네덜란드식 돌봄농장으로 발전할 수 있는 곳이라고 생각한다. 강화마을 협동조합에서 일하는 청년들과 나는 이런 대화를 나눴다.

"주차장은 확실히 넓혀야 하고, 농장 규모도 더 키우면 좋겠어."

그러자면 기획자도 있어야 하고, 자금도 더 필요하다. 그 위험을 어떻게 감당할 거냐는 해법도 있어야 한다. 쉽지 않은 일이다. 개인이 감당하기에는 벅차다. 지자체나 정부 부처의 도움이 절실한데, 법에 없는 일에 공공이 나서기는 어려운 일이다.

직진 본능 시우를 위한 5년의 꿈

돌봄농장 식구들이 문화제에서 합창을 하고, 도감뿌리 농장에 가서 신나게 놀기도 했다. 씨마켓 행사에도 참여하기로 했는데, 거기서도 합창을 하기로 했다. 그즈음 나는 농장에 가서 '5년의 꿈'을 얘기했다.

"책 낸 다음에 인천시 교육감 만나러 갈 겁니다. 책을 드리면서 강화에 있는 폐교를 돌봄농장으로 활용하자는 제안을 하려고 합니다."

반응이 시큰둥하다. 교육감을 만나기도 쉽지 않을 거고, 폐교를 얻는 건 불가능하다고 생각하기 때문이다.

"작년에 '강화시선'에서 인터뷰했어요. 그때도 폐교 얘기를 했어요."

나는 교육감이 농촌지역 폐교를 지역사회가 활용하도록 하겠다는 공약을 내걸었던 것도 소개했다. 네덜란드식 농장에 관한 책도 드렸다고 설명했다. 이때서야 사람들은 조금씩 반응을 보였다.

"폐교를 장애인만 활용하지 않고, 노인과 어린이 등 사회적 약자들이 같이 활용할 겁니다. 그렇게 다양한 사람들이 모이는 게 서로 좋지 않아요?"

"맞아요."

젊은 시우 맘이 제일 빨리 반응했다. 시우네는 우리랑 2년 동안 활동했고, 그 전 2년 동안은 역시 강화에 있는 '콩세알'에서 사회적농업을 경험했다. 처음에 엄마는 시우가 다칠까 봐 따라다니기에 바빴다. 콩세알에서 농사 샘을 했던 천경배 신부는 그런 시우에게 '직진 본능'이라는 별명을 지어줬다. 그랬던 시우가 엄마를 따라서 농사를 짓기 시작했다. 간단한 물주기였지만, 그걸 본 시우 맘은 감동 그 자체였다. 그런 시우 맘이 문화제 책자에 이렇게 썼다.

"4년 동안 주말농장에 다녔더니, 엄마들끼리 합창할 기회가 생기네요. 시우와 함께 갈 곳이 있고, 시우와 함께 할 수 있는 일이 있고, 시우를 반겨주는 사람들이 있다는 것에 감사드려요."

농장 책임자인 새벽이 아빠는 늘 시우를 관찰했다. '직진 본능'인 시우한테 돌도 많고 떨어질 곳도 있는 농장에서 어떤 사고가 닥칠지 걱정이었기 때문이다. 우리 농장에서 두 계절을 지날 즈음, 새벽이 아빠가 시우 얘기를 흥미롭게 했다.

"시우가 눈을 마주쳤어!"

전에 시우는 다른 사람과 눈을 마주치지 않았다. 사람뿐만 아니라 사물에 대해서도 눈을 맞추지 않았을 것이다. 그러니까 주변을 살펴보지 않고 그냥 앞으로만 달렸을 것이다. 그런데 두 계절을 농장에서 지내면서 주위 사람과 사물이 편하게 와닿는가 보다.

'이 사람은 누구야? 아, 전에 나한테 과자 준 아저씨네.'

이런 생각을 하며 눈을 마주치지 않았을까?

'이건 또 뭐야! 응, 전에 내가 풀 줬던 닭이구나.'

이런 식으로 사물들도 파악해 나갔을 것이다. 나아가 인사도 했을지 모른다.

"안녕, 꼬꼬야. 오늘도 내가 풀 뜯어줄게."

강아지들과 흑염소도 시우한테는 다정한 친구다. 시우를 해치지 않고, 시우 말을 잘 듣는다. 풀과 흙, 길에 박힌 돌멩이들도 다 시우한테는 반가운 벗들이다. 엄마랑 같이 심고 물주는 토마토, 오이, 호박 등 작물들도 시우한테는 이제 친숙한 이웃이다.

볼 것도 많고 놀 것도 많아진 시우는 이제 막 달려갈 필요가 없다. 천천히 다니면서 이놈 저놈과 어울린다. 어쩌다 넘어져도 괜찮고, 옷과 손에 흙을 묻혀도 아무 문제가 없다. 엄마도 이제 뭐라고 하지 않는다. 엄마는 이제 멀리서 시우를 바라보기만 할 뿐이다.

시우 맘은 이제 이런 농장이 좋다. 이렇게 편하기만 하다면, 더 많은 사람들이 함께 어울리면 좋겠다고 생각한다. 시우 같은 장애인만 있는 게 아니라, 시우를 반겨주는 다양한 사람들이 있으면 좋겠다고 생각한다. 그래서 시우 맘은 우리 돌봄농장보다 더 크고 더 시설이 좋은 농장이 폐교를 활용해서 만들어지면 좋겠다고 반기는 것이다.

"폐교만 얻는다고 다 되는 건 아니죠."

나는 이후 과정을 설명했다.

"우리가 지금 농림축산식품부가 선정하는 사회적농업을 하잖아요. 그래서 농림축산식품부에 네덜란드식 돌봄농장을 시범사업으로 하자고 제안하려고 해요."

몇 년 동안 나는 네덜란드식 돌봄농장과 우리의 장애인이나 노인에 대한 돌봄사업을 늘 비교하며 살았다. 나는 똑같은 예산으로 네덜란드 방식으로 운영하면 더 효과가 있을 거라고 확신한다.

내가 새벽이를 돌보면 정부는 나에게 지원기관을 통해 수당을 지급한다. 네덜란드 돌봄농장은 수당을 각 활동지원사에게 주지 않고 농장에 준다. 예산은 똑같이 들지만 효과는 다르다. 수혜자는 더 좋은 환경에서 더 많은 사람들과 어울린다. 시간이 훌쩍 지나갈 것이다. 돌봄지원사들도 각자 수혜자에게 매달리지 않아도 되니까 여유가 생기고, 그 여유를 활용해 더 나은 서비스를 제공할 수 있다.

사회적농업의 효과는 엄마들도 잘 안다. 더 좋은 환경에서 더 다양한 사람들과 어울리면 아이들에게 더 유익할 거라고 믿는다. 우리 농장에서 지내는 것도 좋지만, 문화제나 도감뿌리 농장 행사처럼 더 많은 사람들이 붐비는 곳에서 아이들이 더 재밌게 노는 걸 평소 확인해서 잘 안다.

그렇지만 제도가 그렇지 않으니 예산이 없다. 그래서 나는 시범사업을 제안하자고 한 것이다. 시범사업은 예산이 계속 나가는 것이 아니니, 농림축산식품부가 해볼 만한 사업이라고 판단할 수도 있다. 나는 여기서 한발 더 나아갔다.

"시범사업을 2년 정도 잘 해서 효과가 검증되면, 장애인 단체들과 협의하려고 합니다. 장애인 단체들이 이 방식이 좋다고 확신하면, 그때는 같이 힘을 합쳐서 정부와 국회에 법을 만들어보자고 해볼 겁니다."

엄마들의 태도가 처음보다 훨씬 진지해졌다. 처음에는 그저 재밌는 책 쓰는 정도로 생각했는데, 폐교와 시범사업을 거쳐 법 개정까지 하자고 하니 말이다. 나는 긴 계획이라는 점을 강조했다.

"한 5년 동안 열심히 해야 할 사업입니다."

그리고 되물었다.

"우리한테 이런 꿈이 있어야 하지 않나요?"

박수와 함께 "좋아요!", "멋져요!" 등의 반응이 나왔다. 그 첫 시작으로 나는 엄마들에게 글을 써보자고 했다. 그러나 말하기는 쉽고 꿈꾸는 건 자유롭지만, 한 발 내딛기가 어려웠다. 한 주, 또 한 주가 지나도 글은 올라오지 않았다. 그 사이 나는 내가 쓴 원고를 계속 단톡에 올렸다. 참고해서 각자 글을 써달라는 것이었다.

어느 시점에서 나는 엄마들한테 원고 받는 걸 포기했다. 대신 나는 내가 올린 글을 보고 또 본다는 완이 맘의 답글에 만족해야 했다.

'올려주시는 글들은 짬짬이 통독했다가, 속독했다가, 정독도 하면서 하루 여러 번 펼쳐봅니다.^^ 저는 사실 주인공을 저와 완이로 대입해가면서 봐요. 그리고 그때그때 마주치는 상황마다, 나라면 어떻게 했을까, 완이를 어떻게 하게 했을까를 생각하면서, 저의 부족한 모습을 다시금 느껴요. 주변에서 일어나는 생생하고 생각거리를 던져주시는 재미난 글, 매번 답글은 못 달아 드리지만, 잘 읽고 있어요. 감사합니다^^♡'

다 같이 돌자, 동네 한바퀴

"키우던 닭 몇 마리 잡았는데, 이건 수탉입니다."
간만에 김포에 있는 원종이네 궁중두부 식당에 들러 닭 한 마리를 건넸다. 오후 4시가 넘은 시간이라 손님은 없고, 식탁은 깔끔하게 치워져 있었다. 원종이 아버지와 어머니 그리고 여동생 모두 자잘한 뒷정리를 하고 있었다. 여동생이 먼저 인사를 받았다.
"달걀 맛있었어요."
아직 저녁 식사 때는 아니지만, 원종이 어머니는 크게 자른 손두부 세 덩어리를 내놓았다. 다 먹기에는 무리였지만, 남기면 뭐 하랴 싶어 나는 다 먹었다. 두부도 맛있었지만, 같이 싸 먹는 볶은 김치와 생김치가 내 입맛에 딱 맞았다.
"원종이는 자기가 영화모임 때문에 빠지면 식당 일이 힘들어진다고 해요."
전에도 몇 번 한 얘기지만, 나는 원종이가 들으라고 일부러 또 했다. 세 남매의 맏이인 원종이는 책임감이 강하다. 영화모임을 식당이 쉬는 수요일에 하자는 게 원종이의 가장 큰 요구다. 그렇지만 번번이 다른 사람들 일정 때문에 그렇게 되지 않았다. 그럴 때 나는 부모님께 원종이가 빠져도 되느냐고 묻곤 했었다. 이번에도 어머님이 미소를 지으며 말한다.

"괜찮아요."

나는 영화모임에서 원종이 역할을 얘기했다.

"원종이가 다른 동생들한테 맏형 역할을 해요. 특히 지훈이, 작년에 1주일 합숙할 때 첫날 밤에 길 잃은 동생 있잖아요, 그 동생을 잘 돌봐요."

어머님도 한 마디 더 거들었다.

"삼촌한테 전화해서 자기 대신 일하러 오라고 한다니까요."

다들 웃었다. 원종이도 미소를 짓는다.

"연말연초에 모임 못하니까, 대신 우리도 송년회 할까?"

감정표현을 많이 하지 않는 원종이는 좋다면서 한 가지 조건을 달았다.

"수요일에 해요."

이 정도 요구야 당연히 들어줄 수 있다.

"단톡에 올려서 그렇게 얘기해 보자고."

강화로 돌아오는 길에 지희한테 전화했다.

"닭 몇 마리 잡았는데, 끓여먹을 수 있어?"

지희는 곧바로 대답하지 않고 머뭇거렸다.

"음, 내일 냉장고 청소해야 하는데…."
"알았어. 한 마리 굳었네."
이어서 나는 송년회 얘기를 꺼냈다.
"원종이는 수요일에 하재. 괜찮지?"
늘 그렇듯이 지희는 "저야 상관없어요"라며 동의했다.
"'작은영화관'에서 '노량' 하더라. 이순신 영화는 다들 좋아하겠지?"
영화 상식이 많은 지희는 '장르'라는 단어를 이용해 대답했다.
"저는 어떤 장르든 다 좋아해요."
강화대교를 건너기 전에 이번에는 지희한테서 전화가 왔다.
"예산이 얼마나 돼요?"
'예산?' 생각해 보지 않았다. 저녁도 먹고 영화도 보려면 돈이 좀 들 것이다. 영화제에서 받은 상금을 써도 될까 하는 생각을 하며 내가 말을 못 하는 사이, 지희가 얘기했다.
"식당을 어디로 정할지 생각하고 있었거든요."
순간 나는 지희랑 미선이랑 몇 번 같이 식사했던 생각이 났다. 나보다 씀씀이가 훨씬 컸다. 나야 주로 만원 넘지 않는 식사를 하는데, 얘들은 달랐다. 좀 겁이 났다. 그렇다고 송년회 하는 건데, 너무 허름한 것도 안 될 것 같았다. 지난 주 미선이 연주회 전에 같이 저녁을 먹었던 집이 생각났다.
"용흥궁 골목 솥밥집, 만삼천 원인데, 괜찮더라."

지희는 솥밥집에 반응을 보이지 않았다. 대신 숫자 만삼천 원은 받아들였다.
"그럼 만삼천 원이나 만오천 원 정도에서 정하면 되겠네요."
그러면서 지희는 식당 이름 몇 개를 얘기했는데, 나는 모르는 식당들이었다. 나는 어디든 상관없고, 그 정도 금액을 넘지 않으면 되겠다고 생각하며 얼른 마무리 지었다.
"그래, 그 정도 넘지 않는 선에서 정해보자."
지희는 다시 처음에 얘기했던 예산을 되물었다.
"감독님이랑 얘기할 때 상금은 영화촬영 때 쓰기로 했어요."
"그래, 그게 맞겠지."
이어서 지희가 개인 분담금을 얘기했는데, 나는 이번에는 내가 해결해 보겠다고 하며 전화를 끊었다.

강화읍으로 들어와 새벽이 엄마한테 한 마리를 전하고, 지훈네 가게에도 들러 한 마리를 건넸다. 영화관 가고 저녁 먹는 송년회 얘기를 하자, 지훈이 엄마는 반겼다. 지훈이가 이번 주부터 주간마리아센터에 다닐 거지만, 저녁 전에 돌아오니까 괜찮다고 했다.
1년 넘게 병원에 입원해 있다가 최근 퇴원한 지훈이는 다시 주간마리아센터에 다니게 됐다. 나머지 시간, 특히 주말에 지훈이를 볼 사람이 있어야 하는데, 지훈이 엄마는 전처럼 우리가 봐주면 좋겠다고 했었다. 그렇지만 나는 대답하지 않았다. "바빠서요…"라며, 나는 말끝을 흐렸다.

내가 곤충 키우는 사업을 하느라 바쁜 건 지훈이 부모도 잘 안다. 새벽이 돌봄도 다른 청년이 하고, 영화모임 도우미 역할에서도 내가 많이 빠지는 걸 평소 봐왔기 때문이다. 그런데 지훈이를 다른 누가 잘 돌볼 수 있을지 짐작이 안 간다. 결국 우리가 다시 돌봐야 하지 않을까 하는 생각을 하게 됐다. 지난주 조합 송년회 때 나는 이렇게 말했다.

"이번에 책 쓰면서 지훈이 얘기도 많이 했고, 계속 우리 나름의 돌봄방식을 찾아갈 건데, 그럼 당장 좀 힘들더라도 지훈이도 다시 돌봐야되는 거 아냐?"

술자리를 겸한 자리라 그날은 더 깊이 얘기하지 않았다. 조만간 다시 만나 상의해 보기로 했다. 다행히 곤충농장이 조금씩 자리잡아 가는 중이라 지훈이 돌봄시간을 어느 정도는 뺄 수 있을 것 같다.

'다시 해?'

'아니지, 아직 어려운데.'

이런 고민을 하던 중에 천종 형님이 생각났다. 성격도 좋고 활달하니까 지훈이를 잘 데리고 다닐 것 같았다. 그리고 형님은 우리 일을 많이 도와주고 있다. 그런데 형님은 평소와 달리 단호하게 거절했다.

"안돼! 나 못해."

'왜 갑자기 약한 모습?'

나는 이런 느낌을 받았다. 혼자 책임지라는 게 아니라, 우리랑 같이 돌보는 거라고 했지만, 형님은 동의하지 않았다. 그런데 사실 무리다. 형님은 아직도 암 치료를 받고 있다. 지훈이를 본다는 건 힘들기만 한 게 아니라 신경을 많이 써야 하는 일이다. 건강에 문제가 될 수 있겠다는 생각이 들었다.

지훈이네를 나와 미선네 집에 들렀다. 미선이는 밖에서 전화를 받았는데, 밝은 목소리다. 노랫소리가 들리는 것으로 봐서 노래방에서 놀고 있는 것 같았다. 미선이는 평소와 달리 시원시원하게 대답했다. 송년회도 좋고, 영화 보는 것도 좋고, 닭도 집에 놓고 가라고 했다.

마지막 닭을 주기 위해 천종 형님한테 전화했다. 반어법 농담을 즐기는 형님은 이번에도 어김없다.

"겨우 한 마리야!"

내가 말을 안 하자, 형님은 말을 바꾼다.

"이렇게 나까지 챙기고, 광구는 참 착하단 말이야."

나는 영화모임 송년회 모임에 같이 가자고 제안했다. 사람들 사귀는 걸 좋아하는 형님은 사람들 만날 때 같이 가는 걸 좋아하기 때문이다.

"형님은 영화모임 식구는 아니지만, 특별히 제가 후원자로 초대할게요."

형님의 호탕한 대답이 크게 들려왔다.

"좋지, 좋지!"

며칠 전 조합 송년회 때, 철준이가 집수리 비용을 온라인으로 공개 모금하겠다는 얘기를 했다. 나는 다음날 형님을 만나 그 얘기를 했다.

"우리 청년들이 어려운 집수리를 해주는데, 마음이 아프더래요."

치매 어머니와 장애인 아들이 사는 집 얘기였다. 큰아들은 사업이 망해 도와주지 못한다. 겨울에 너무 추워 집을 고쳤는데, 집이 무허가라 그 땅과 이해관계가 있는 이웃들이 민원을 내서 벌금을 수백만 원 냈다고 한다. 딸이 자신의 집을 살 때 어머니 이름으로 해서 할머니는 취약계층 지원도 못 받는다. 그래서 급한대로 겨울을 견뎌야 할 것 같아 청년들은 할머니 집을 외부에서 비닐로 감싸는 공사를 했다. 봄에는 비닐을 걷어야 하고, 돈을 들여 민원이 안 들어가게 실내공사를 하기로 했다. 이 얘기를 하자, 형님은 곧바로 말했다.

"내가 오만 원 낼게."

나는 이 얘기를 철준이한테 전하면서 이렇게 덧붙였다.

"네이버 크라우드 펀딩만 기다릴 게 아니라, 더 쉬운 방법도 하면서 해보자고."

지난 몇 년 동안 우리가 파는 농산물을 사준 고객들, 우리의 사회적농업을 후원한 회사들, 우리 내부 사람들과 천종 형님 같은 이웃들에게도 제안해 보자는 것이다. 내가 얘기할 건 여기까지다. 나머지는 청년들이 잘 추진할 것이다. 미대 가려고 했던 철준이가 사업 취지를 그림으로 잘 표현할 거라고 나는 기대한다. 그런 데서 진짜 예술혼이 발휘되는 거 아닐까?

송년회 자리에서 우리에게 사업 취지를 설명하기 위해 철준이는 노트북을 가져왔다. 할머니 집의 내부와 외부 그리고 자신들이 한 공사를 우리에게 보여주었다. 할머니 집은 철준이가 사는 곳에서 들판 맞은편 마을에 있다.

"바로 건너편 마을에 이렇게 사는 분들이 있다는 걸 처음 알았어요."

이렇게 말하는 철준이의 목소리가 흔들렸다. 그걸 듣고 바라보는 우리의 귀와 눈도 흔들렸다. 흔들리는 건 그것뿐만이 아니었다. 추운 겨울바람에 우리의 삶과 희망도 이리저리 마구 흔들리고 있었다.

다 같이 돌자, 동네 한 바퀴
아침 일찍 일어나 동네 한 바퀴
우리 보고 나팔꽃 인사합니다.
우리도 인사하며 동네 한 바퀴
바둑이도 같이 돌자 동네 한 바퀴